Hexenzeiten-Forum & Mitglieder
Magische Sexual-Rituale

Hexenzeiten-Forum sowie Mitglieder
Klären auf über die wunderbaren Rituale während der Sexualmagie!

Magische Sex-Rituale

Hexenzeiten-Verlag Grafschaft Bentheim 2016

Hexenzeiten-Forum war über ein Jahrzehnt das größte auch umfangreichste Esoterik Forum im weiten Web und prägte die esoterische Internetbranche bezüglich Informationen und seriöse Qualitäten bis heute!
Aus den insgesamt über 60.000 „unterschiedlichen Themen-GEBIETEN" wurden die besten und informativsten Texte zusammengefasst und weitgehend aufgearbeitet.
Heute der Liebhaberverlag
Hexenzeiten-Verlag – von Hexen für Hexen
möchten die Autoren endlich auch in Deutschland die Geheimniskrämerei untergraben.

Magie ist gleich Natur, Natur ist Gott!

Bibliografische Informationen der deutschen Bibliothek

Die Deutsche Bibliothek verzeichnet diese Publikation in der Deutschen Nationalbibliografie; detaillierte bibliografische Daten sind im Internet über http://dnb.ddb.de abrufbar.

© 2016 Hexenzeiten-Verlag Grafschaft Bentheim
Umschlaggestaltung: AJFotos-AmGrenzwert

Druck & Vertrieb: Bod – Books on Demand, Nordstadt

ISBN: 9783743114760

Vorwort

Liebe Leserin
Lieber Leser

dieses Ebook wurde von verschiedenen Autorinnen und Autoren geschrieben. Meine Aufgabe bestand darin, aus den verschiedenen Texten, ein in sich schlüssiges Buch zu erstellen. Was ich nicht gemacht habe waren die Texte neu zu schreiben um einen einheitlichen Schreibstil zu haben.

Sie finden in diesem Ebook keine Aufzählung von Ritualen. Die Autorinnen und Autoren sind der einstimmigen Meinung dass jede Magierin und jeder Magier eine Anzahl von Ritualen beherrscht. Die Potenzierung dieser Rituale erfolgt über den Orgasmus. Aber das ist gerade die Herausforderung im Orgasmus noch bestimmte Gedanken oder Handlungen vor zu nehmen.

Dieses Ebook zeigt Ihnen den Weg auf. Ob Alleine zu Zweit oder in der Gruppe.

Internet – Forum 1997 – 2013

Einleitung

Keine Disziplin der Geheimwissenschaften ist bis heute so geheimnisumwittert geblieben wie die Sexualmagie; keine erhitzt die Gemüter rechts und links des "Mittelpfads" der Esoterik mehr, keine ist älter, kraftvoller und keine wird so sehr missverstanden!

Immerhin: das allgemeine Interesse an diesem vielleicht wichtigsten Zweig der Magie wächst zunehmend. Dazu hat nicht zuletzt auch eine in den letzten Jahren zu beobachtende gewisse Popularisierung des hinduistischen Tantra und der so genannten Inneren Alchemie" des Taoismus beigetragen. Kaum eine Buchmesse, auf der nicht einige neue Werke zu diesen Praktiken vorgestellt würden doch umso erstaunlicher ist es da, dass fundierte, praktisch Einführungen in die Sexualmagie für Anfänger und Fortgeschrittene immer noch sehr dünn gesät sind.

Bevor wir uns mit der eigentlichen Praxis der Sexualmagie befassen, müssen wir zuerst einige Grundlagen erklären, etwaige Missverständnisse aus dem Weg räumen und deutlich machen, welchen Weg wir in diesem Buch einschlagen wollen.

Zunächst einmal: Dieses Buch dient der Praxis! Es will nichts verschweigen und verheimlichen, nichts beschönigen und verklären. Nur zu oft beschränkten sich einschlägige Autoren in der Vergangenheit darauf, dem Leser mit großartigen Andeutungen und Versprechungen den Mund wässrig zu machen - um ihn dann aber doch, unaufgeklärt und enttäuscht, im Stich zu lassen, wenn es u m praktische, nachvollziehbare Techniken geht. Oft ist der Wissensmangel dieser Schriftsteller daran schuld, die sich, weil es sich eben gut verkaufen lässt, an einem Thema versuchen, von dem sie leider herzlich wenig verstehen. Ebenso oft steht dahinter aber auch eine im Grunde arrogante, menschenverachtende Geheimnistuerei, die sich über den Leser erhaben fühlt und glaubt, er sei für das "eigentliche" Wissen noch nicht "reif ' genug. Eine Einstellung übrigens, die man leider nur zu oft in der gesamten Esoterik findet. Gewiss, eines der Grundgesetze aller Geheimwissenschaft lautet: "Wisse, Wolle, Wage, Schweige." Doch ist es unsere Auffassung, dass das "Schweige" dieses Leitsatzes viel zu oft auf Kosten seiner anderen Bestandteile überbetont wird, zum Beispiel auf Kosten des "Wisse".

Im Übrigen sollte die Geheimhaltung eher den Übenden und Praktizierenden betreffen, nicht aber Autoren, die ihm immerhin auch aus innerer Verpflichtung heraus das Wissen Fund im Idealfall den Weg zur Willensfindung vermitteln wollen und sollen. Das bringt uns zu einem weiteren Aspekt dieses Werks: das "Wage".

Die Praxis selbst kann Ihnen niemand abnehmen, Sexualmagie auf dem Papier allein, im Reich der unverbindlichen Spekulation, gibt es nicht. Ja sie kann, derart missbraucht, sogar ausgesprochen gefährlich werden, indem sie nämlich seelische Entwicklungen und Triebe auslöst bzw. freisetzt, die dann vom zaghaften,; Alltags - Ich" mit katastrophalen Folgen wieder unterdrückt werden.

Doch davon später mehr. Halten wir fest, dass jeder Mensch die Entscheidung zum "Wollen" und "Wagen" selbst fällen muss, wie er auch letztlich für ihre Konsequenzen verantwortlich ist. Tue was du willst sei das ganze Gesetz, lautete Aleister Crowleys Leitspruch und den respektieren wir nicht zuletzt auch dadurch, dass wir uns nicht dazu versteigen, Ihnen mit erhobenem Moralzeigefinger zu sagen, was Sie zu tun und zu lassen haben.

Aus diesem Grund unterscheidet sich das vorliegende Werk auch völlig von anderen Abhandlungen zum selben Thema. Wurde früher die Sexualmagie meist nur als reine Domäne des Mannes betrachtet, in der die Frau eine lediglich untergeordnete Rolle spielte, so wollen wir hier dagegen Mann und Frau, wie es ja auch eigentlich selbstverständlich sein sollte, völlig gleichberechtigt und gleichwertig berücksichtigen. Gewiss, männliche und weibliche Energien sind oft grundverschieden voneinander, dies zu leugnen wäre töricht; doch sind es erfahrungsgemäß gerade die weiblichen Magier, die die Sexualmagie ganz besonders erfolgreich anwenden und weiterentwickeln. Von daher richtet sich dieses Buch also an männliche wie weibliche Leser zugleich.

Jeder Mensch hat ein Becken von Triebenergie. Heute gibt es privat wie beruflich zu viele Faktoren die diese Energie abziehen. Beruflicher Stress, Angst vor Arbeitslosigkeit, falsche Lebensgewohnheiten sowie der Druck der Medien machen den Männern zu schaffen. Bei Frauen ist alles, wie so oft, noch viel komplizierter.

Ein anderer Punkt ist in diesem Zusammenhang das Tabu, welches in den vergangenen Jahrhunderten die Sexualität im Allgemeinen und die Sexualmagie im Besonderen unterdrückt hat. Es ist noch nicht allzu lange her, da war es verboten, beispielsweise Themen wie die Homosexualität in der Öffentlichkeit zu behandeln. Damals wäre ein Buch wie dieses wohl noch vor Erscheinen auf den Index verbotener Werke gekommen. Selbst relativ 'freizügige" Werke sexualmagischen Inhalts beschränken sich in der Regel auf die rein zweigeschlechtliche Sexualität. Zwar wird gelegentlich auch die gerade für die Sexualmagie so wichtige Autorerotik erwähnt, doch geschieht dies meist nur am Rande. Andere Praktiken wie etwa die Homosexualität oder der Fetischismus fallen dagegen völlig unter den Tisch, von weiteren so genannten "Devianzen", also von der allgemeinen Norm abweichenden Formen der Sexualität (etwa der Verkehr mit Sukkubi und Inkubi), ganz zu schweigen. Es lohnt sich wohl kaum, sich länger mit einer Untersuchung darüber aufzuhalten, welchen Verklemmungen, Sexualängsten und obrigkeitshörigen Grundeinstellungen wir diese Unterlassungen zu verdanken haben.

Wichtig ist in unserem Zusammenhang dagegen, uns stets vor Augen zu halten, dass die Vielfalt menschlicher Sexualität so groß und so großartig ist wie das menschliche Denken und Fühlen selbst. Mit anderen Worten: Der echte Sexualmagier wird sich nicht von klein karierten Tabus und Verboten in seiner Praxis einengen lassen. Ihm ist die Sexualmagie, gleich welcher Form und Stufe, eine willkommene Disziplin, ein Zugang zu einer Kraft, mit der er seine magischen Ziele optimal erreichen kann. Ohne Unterschiede zu machen, löst er sich von den herkömmlichen Verhaftungen und Moralvorschriften, um den Satz "Tue was du willst" in die Wirklichkeit umzusetzen. Und dem Sexualmystiker wiederum ist die Sexualität ohnehin stets heiliger Ausdruck seiner höchsten Bestimmung. Sexualmagie will nicht zuletzt auch Grenzen sprengen, worauf in diesem Buch immer wieder hingearbeitet werden soll. Mit dem landläufigen, meist sehr unwissenden und angsterfüllten Umgang, mit Sexualität hat sie nichts gemein. Und so strebt der Sexualmagier danach, die Grenzen seiner Ausdrucksfähigkeit immer weiter auszudehnen, bis er jene Freiheit erlangt, die sich als "Optimum an Wahl und Entscheidungsmöglichkeiten" definiert.

Deshalb sollen hier auch vorurteilsfrei Praktiken und Formen der Sexualmagie zur Sprache kommen, wie man sie sonst in der Literatur vergeblich sucht. Es bleibt dem Leser selbst überlassen, in welchem Umfang er diese Anregungen wahrnehmen und umsetzen will.

Schließlich sollte noch mit einem Missverständnis aufgeräumt
werden, dem man gerade in Laienkreisen des Öfteren begegnet. Es wurde bereits
erwähnt, dass der hinduistische Tantra und die Innere Alchemie des Taoismus in
letzter Zeit immer mehr Aufmerksamkeit auf sich ziehen konnten. Dagegen ist im
Prinzip auch nichts einzuwenden, im Gegenteil: Nachdem die viel beschworene
"sexuelle Revolution" der sechziger Jahre mehr oder unspektakulär ausgeklungen ist,
hat die Tantra - und Tao Literatur insofern wertvolle Pionierarbeit geleistet, als sie das
allgemeine Bewusstsein um die transzendenten Möglichkeiten der Sexualität unter
Esoterikern ebenso wie in der breiteren Öffentlichkeit geschärft und entwickelt hat. In
dem sich zurzeit entwickelndem "neuen" Weltbild erhält die Sexualität im Allgemeinen
einen anderen, konstruktiveren Stellenwert, als er ihr in der nachheidnischen, von
Christentum und Kirchendogma geprägten und im Allgemeinen lebensfeindlichen
Kultur des Abendlandes zugestanden wurde.

Auf der Suche nach einer neuen "Kunst des Liebens" (ars amatoria nannte dies die
Antike) blicken wir zunehmend über die Grenzen unserer allzu sehr auf Materialismus
und Naturwissenschaften eingeschworenen Zivilisation hinweg und entdecken aufs
Neue das Weistum der östlichen Kulturen. Diese haben sich jahrtausendelang mit der
Entwicklung einer solchen Liebeskunst beschäftigt, man denke nur an ihre
herausragenden Zeugnisse, etwa an das Kama Sutram Indiens oder an den
Duftenden Garten des Scheich Nefzaui im islamischen Raum, um zwei weltbekannte
Beispiele herauszugreifen. Es wäre töricht, wollte man behaupten, die westliche
Sexualmagie habe diesen Kulturen nichts zu verdanken. Sie zehrt im Gegenteil, wie
übrigens alle abendländischen Geheimdisziplinen, sehr stark von der Begegnung mit
diesen Lehren, und dem Sexualmagier kann nur dringend empfohlen werden, sich
ausführlich mit ihnen zu beschäftigen.

Dennoch wäre es falsch, Sexualmagie und Tantra miteinander zu verwechseln. Beide
verfolgen im Grunde recht andersartige Ziele. Während der Tantra stets sakral
geprägt, also "Gottesdienst", mithin Sexualmystik ist und darauf abzielt, die polaren
Kräfte von Männlich und Weiblich (Shiva und Shakti, oder, in der Inneren Alchemie
Chinas, Yang und Yin) miteinander zu vereinen, um sie zu transzendieren, ist die
Sexualmagie zumindest auf den meisten Stufen eher "irdisch" ausgerichtet. Dem
Sexualmagier ist die Sexualkraft zunächst einmal eine neutrale Energie, die er
magisch nutzen kann, zu welchem Ziel auch immer. Sie eignet sich erfahrungsgemäß
vorzüglich gerade im Bereich der so genannten "Erfolgsmagie", also etwa zum
Aufladen von Talismanen, Amuletten und Sigillen, für Liebes, Schadens ,und
Abwehrzauber, zur Verschaffung beruflicher, materieller und psychologischer Vorteile
usw.

Nun ist all dies dem Tantrika oder dem Ching Chi Meister keineswegs unbekannt, doch findet es nur selten Niederschlag in der diesbezüglichen Literatur, gilt es als "höchstes Geheimnis" innerster Kreise und Bünde, die sich um wenige "erleuchtete" Meister der Kunst scharen.

Vielleicht ist es dagegen gerade der Vorteil des westlichen Materialismus und der naturwissenschaftlichen Ausrichtung des Abendländer, dass er, wenigstens seit einigen Jahren, endlich dazu bereit ist, "das Kind beim Namen zu nennen" und dass er sich zunehmend auch auf die praktischen, materiellen Grundlagen der hohen Kunst der Sexualmagie besinnt. Vergessen wir nie, dass die Kulturen des Ostens, allen beliebten Idealisierungen zum Trotz, die unsere an Prüderie und Tabudenken mit wenigen Ausnahmen weit übertreffen. Tantra und Innere Alchemie blieben stets nur wenigen Auserwählten vorbehalten, meist den Herrschern und ihren Höflingen, und auch heute stellen sie noch kein wirkliches "Volkswissen" dar. Schon immer hat man versucht, und dies nicht nur in christlich - kirchlichen Kulturen, die "dummen" Massen dumm zu
belassen, was das Wissen um die Möglichkeiten der Sexualmagie anbelangt. Insofern ist, so meinen wir, die westliche Sexualmagie nach abendländischem Empfinden immerhin ehrlicher, wenn sie sich eingestandenermaßen nicht dafür zu schade ist, auch materielle Ziele anzustreben und dies offen zuzugeben.

Allerdings sind auch im Abendland die Grenzen zwischen Sexualmagie und Sexualmystik oft recht unscharf und fließend. Man sollte also auch nicht ins andere Extrem fallen und den mystischen, transzendenten Aspekt der Sexualmagie pauschal leugnen oder gar abwerten. Gerade dies macht ja die eigentliche Größe der Sexualmagie aus: dass sie nämlich ein System darstellt , das beides zu vereinigen versteht, das Materielle und das Transzendente. Es ist ein beliebter, gängiger Dualismus, Geist und Materie als Gegenpole, ja geradezu als Feinde zu betrachten. Dieser Dualismus hat manches Gleis gelegt, auf dem wir noch heute unseren Sackbahnhöfen entgegenfahren. Die Mystik strebt jedoch nicht danach, den Geist auf Kosten der Materie einseitig zu überhöhen.
Dergleichen ist bloße Körperfeindlichkeit, und wohin sie führt, das haben uns Inquisition und Ketzerverfolgung ebenso vor Augen geführt wie die fanatischen Politideologien und Religionen, die den Menschen auf dem Altar einer übergeordneten" Idee kaltblütig schlachten. Nein, Mystik,
und die Sexualmystik im Besonderen, strebt nach Überwindung der Gegensätze, will den Menschen ins Reich des Transzendenten, des Göttlichen jenseits von Gut und Böse führen.

DIE VORAUSSETZUNGEN DER SEXUALMAGIE

Gerne wurde in alten sexualmagischen Schriften die Sexualmagie als Disziplin dargestellt, die nur den sogenannten "Höchsten Eingeweihten" vorbehalten sei, als eine Lehre voll unsäglicher Gefahren für Leib und Seele. Dementsprechend wenig wurde in selbigen Werken dann auch auf die eigentliche Praxis eingegangen, statt dessen herrschten die Warnungen und moralischen Vorgaben vor - der erhobene Zeigefinger war meistens das herausragendste Merkmal dieser, meist älteren, Autoren. Das gilt allerdings auch für die magische Literatur ganz allgemein, nicht nur für die Sexualmagie allein. Wenn wir die sexologische Literatur dieser Zeit (bis weit in die sechziger Jahre unseres Jahrhunderts hinein) betrachten, stellen wir fest, daß für die Sexualität das gleiche gilt:

Auch sie wurde weitgehend totgeschwiegen, bagatellisiert, mit idealistischen Moralnormen überhöht und somit "unantastbar" gemacht usw. Wie sehen also, daß das Verhältnis der Sexualmagier zu ihrer Disziplin historisch voll in ihre eigene Zeit - und Gesellschaftsstruktur eingebettet war. Wurde die Sexualität durch Kirche, Staat und Gesellschaft unterdrückt, so galt für die Sexualmagie dasselbe. Und so ist diese leidige Geheimnistuerei zum Teil sogar verständlich; immerhin riskierte ein Autor noch in den fünfziger Jahren, als "obszöner Jugend und Sittenverderber" gebrandmarkt zu werden, so dass man ihm eine gewisse Zurückhaltung wirklich nicht verübeln kann.

Ein weiteres Merkmal vor allem älterer Werke zur Sexualmagie ist die ausschließlich männliche Ausrichtung der darin geschilderten Praktiken. In diesem Punkt bildet übrigens selbst Crowley keine Ausnahme. Auch dies lässt sich unschwer historisch erklären. Immerhin wurde die Sexualität der Frau in der abendländischen Kultur nach jahrtausendelanger Unterdrückung erst sehr spät (wie - der -)entdeckt, und so nimmt es nicht wunder, wenn die sexualmagischen Schriften bis in unsere Zeit hinein die Frau tatsächlich allenfalls als Erfüllungsgehilfin und (magisches) Lustobjekt kennen. Noch Ende der fünfziger Jahre formulierten Autoren der älteren Generation selbst bei etwas so vergleichsweise Harmlosem wie der Pendellehre Ratschläge wie "der Magier beschaffe sich ein weibliches Medium und mache es sich hörig" - worunter natürlich "sexuelle Hörigkeit und Ausbeutung" verstanden wurden, eine präzise Spiegelung des Zustands der zeitgenössischen Gesellschaft. Wir wollen uns hier nicht selbst beweihräuchern oder
gar behaupten, heute sei "endlich alles viel besser", denn keine Epoche erkennt ihre eigenen Fehler mit derselben Präzision wie die Fehler ihrer Vorgänger.

Halten wir einfach ganz neutral fest, dass sich die allgemeine Einstellung zur Sexualität des Menschen, zur Rolle der Frau, zur Beziehung zwischen den Geschlechtern usw. seitdem zum Teil recht drastisch geändert hat. Überhaupt können wir heute über vieles (wenngleich längst nicht alles!) offener, unverblümter sprechen als noch vor zwanzig Jahren, man denke nur etwa an die männliche wie weibliche Homosexualität, an die so genannte Pornographie usw. Darüber hinaus ist ganz allgemein das Wissen um die Geheimdisziplinen und die "schwarzen Künste" zugänglicher geworden: Zu keinem Zeitpunkt in der Geschichte konnte sich der Laie derart umfassend durch Bücher, Kurse, Seminare usw. darüber informieren, wenn er nur wollte. Selbst die Zeit unmittelbar nach dem Ersten und nach dem Zweiten Weltkrieg, als der Okkultismus mal wieder als Welle hohe Wogen schlug, gab dem einschlägig Interessierten so viel, vor allem praktisches, Material an die Hand, wie es heute der Fall ist. Insofern sind die Zeiten für ein Werk wie das vorliegende sehr günstig, zumal viele allgemeine Vorurteile der Vergangenheit ("Alle Magie ist Teufelswerk", Sexualität ist böse" usw.) zumindest etwas an Schärfe verloren" haben.

Von allen Geheimwissenschaften galt die Sexualmagie jahrhunderte lang als die gefährlichste. Wir wissen heute, wie sehr diese Einstellung die Körperfeindlichkeit des damals alles beherrschenden Christentums widerspiegelte, doch damit ist das Problem leider noch lange nicht vom Tisch: Denn es lässt sich nicht leugnen, dass die Sexualmagie tatsächlich auch ihre gefährlichen Aspekte hat. Diese liegen allerdings - wie auch bei der Magie ganz allgemein - häufig auf völlig anderen Ebenen, als es oft angenommen wurde. Es soll hier mit einem Vergleich beschrieben werden, auf den wir uns immer wieder beziehen wollen: Die Sexualmagie ist (wie die gesamte Magie auch) nicht gefährlicher und nicht ungefährlicher als etwa das Autofahren. Sie verlangt nach Schulung und Praxis, sie kennt ihre Regeln und Gesetze, und wer sie betreiben will, muss in entsprechender Verfassung sein und aufmerksam bleiben. Man sollte die Gefahren der Sexualmagie also gewiss nicht bagatellisieren, sie aber auch nicht überbetonen, denn damit wäre niemandem gedient - und dem Menschen selbst am allerwenigsten. Im übrigen ist es eine zwar bedauerliche, aber nicht wegzuleugnende Tatsache, dass jene Menschen, die am lautstärksten vor den Gefahren der Sexualmagie zu warnen pflegen, in der Regel Sexualität am Verklemmtesten sind und über keinerlei praktische Erfahrungen mit der Sexualmagie verfügen.

Wenn man die Fahrschule besucht, um Autofahren zu lernen, wird man in der Regel nicht erst stundenlang mit Schilderungen von Unfällen und Gefahren im Straßenverkehr verschreckt - eine vernünftige Führerscheinausbildung wird im Laufe der Praxis auf reale Gefahren und Risiken hinweisen, nicht aber vorab den Anfänger sinnlos verunsichern. Auf ähnliche Weise wollen wir hier auf die tatsächlichen Gefahren der Sexualmagie auch nicht verfrüht eingehen, sondern sie im Laufe der hier geschilderten und empfohlenen Praxis erwähnen, um sie am Ende des Buchs noch einmal kurz zusammenzufassen und zu kommentieren. Stattdessen werden wir uns hier zunächst einmal mit den Voraussetzungen für die Sexualmagie beschäftigen, wie wir sie verstehen.

Grundsätzlich ist die Sexualmagie für Mann und Frau möglich. Wir werden auf die durchaus existierenden Unterschiede zwischen männlicher und weiblicher Sexualität zwar stets eingehen, wo dies geboten erscheint, aber fürs erste möge es genügen, dass wir hier keine wertende Unterscheidung zwischen den Geschlechtern machen werden, ja nicht einmal machen dürfen, weil dies der ganzen Philosophie der Sexualmagie zuwiderliefe. Denn die Sexualmagie ist nicht in erster Linie für den Mann oder die Frau, für den Asiaten oder den Europäer, den Eingeweihten oder den Unerlösten usw. gedacht - sondern für den Menschen selbst, ohne Ansehen rassischer, konfessioneller, gesellschaftlicher oder geschlechtlicher Unterschiede.

Dennoch war die Sexualmagie noch nie etwas für die große Masse und wird es wahrscheinlich auch niemals sein. Vergessen wir nicht, dass der menschliche Umgang mit der Sexualität, auf den wir im nächsten Kapitel noch ausführlicher eingehen werden, von seiner emotionalen Sprengkraft her dem Gebrauch mit einer Handgranate gleichkommt! Keine Kraft, kein Trieb beherrscht uns so vollständig, so scheinbar irrational und so ausschließlich wie die Sexualität, kein Instinkt mußte so sehr als Sammelbecken existentieller Urängste und Unsicherheiten herhalten. Die Sexualmagie aber ist mehr als nur der rituelle Umgang mit Sexualität, sie will zur Überwindung der Grenzen führen, von denen unsere Sexualität einerseits geprägt ist und die sie uns andererseits sehr oft selbst wiederum setzt. Insofern packen wir mit der Sexualmagie tatsächlich ohne jede Übertreibung ein "heißes Eisen" an.

Wer also Sexualmagie praktizieren will, braucht zunächst einmal Mut - den Mut, auch sexuell über den eigenen Schatten des Gewohnten zu springen, seinen sexuell bedingten Ängsten ins Auge zu blicken und sie zu überwinden, ohne sie jedoch zu verdrängen oder kurzerhand auszumerzen. Diese Bereitschaft (und sie wird im Laufe der Praxis immer wieder auf die Probe gestellt werden!) ist unabdingbar, ohne sie kann die Sexualmagie tatsächlich zu einer wahren seelischen Hölle werden.

Das wäre wie ein angehender Autofahrer, der sich weigert, sich im Straßenverkehr dem allgemeinen Tempo des Verkehrsflusses anzupassen, der völlig willkürlich und unberechenbar mal anhält, mal Gas gibt er gefährdet nur sich selbst und alle anderen. Doch bedeutet das nun nicht, um im Bild zu bleiben, dass jeder sofort Rennfahrerambitionen entwickeln muss! Die Sexualmagie hat nichts mit Hochleistungssport zu tun, und wenn ein Mensch das Gefühl hat, nun sei es genug, mehr könne er im Augenblick wirklich nicht verkraften, so wäre es der Gipfel der Torheit, seine Entwicklung mit Gewalt forcieren zu wollen. Andererseits lernt man das Schwimmen jedoch nur durch den Sprung ins Wasser wirklich, und so muss jeder zu seinem eigenen Ausgleich zwischen Härte und Sanftheit gegenüber sich selbst finden. Man darf sich in der Sexualmagie ebenso wenig unter - wie überfordern. Findet man aber in diesem Punkt zum Mittelweg, also zur eigenen Mitte, so stehen einem Tür und Tor zum Erfolg offen.

Zweitens verlangt die Sexualmagie nach Zielbewusstheit. Sie wird, zumindest in der ersten Zeit, nicht allein um ihrer selbst willen ausgeübt, der eindeutige, einspitzige Willenssatz muss ihr vorausgehen, will man nicht einfach nur einen etwas bizarren Umgang mit Sexualität pflegen, ohne die eigentliche Magie dabei jemals wirklich zu berühren. Doch warum sollte ein Mensch sich zur Sexualmagie entscheiden? Dafür kann es viele verschiedene Gründe geben, von denen einige hier stichwortartig aufgezählt werden sollen: das allgemeine Interesse an einer erweiterten, durch den magischen Umgang mit den Kräften der Seele und des Universums gesteigerten Sexualität; das Interesse an
einer besonders wirkungsvollen magischen Technik; Forschergeist; das Verlangen, die eigenen Grenzen auszuweiten; Interesse am bewussten Umgang mit Ängsten und Gefühlen; der Wunsch, die eigene magische Entwicklung zu vervollkommnen und abzurunden; Vergnügen am magischen Umgang mit Sexualität; die intuitive "Baucherkenntnis", dass dies der eigene Weg ist usw. Bevor Sie sich daranmachen, die Sexualmagie zu praktizieren, sollten Sie sich darüber im Klaren sein, warum Sie dies tun wollen. Das hat psychologische wie technische Gründe: Erstens werden Sie sich dadurch, sofern Sie bei der Selbstbetrachtung hinreichend tief in sich hineinblicken, über Ihr eigenes Verhältnis zu Sexualität und zur Magie klar; und zweitens können Sie dann mit sicherer Hand jene Untergebiete der Sexualmagie verstärkt bearbeiten, die Ihren Anliegen am meisten entsprechen.

Bitte beachten Sie auch, dass hier keine Vorgaben gemacht werden, welches nun "edle, richtige" und welches "unedle, falsche" Motive für den Umgang mit der Sexualmagie sind! Es geht zunächst nur darum, sich ihrer überhaupt bewusst zu werden. Allerdings möchte ich hier auch auf Motive hinweisen, die sich erfahrungsgemäß eher problematisch auswirken dürften: Wenn Sie in der Sexualmagie einen Ausgleich, ja einen Ersatz für eine frustrierte Sexualität suchen sollten, so werden Sie einige Schwierigkeiten bekommen. Die Sexualmagie verlangt zwar nicht nach einem Magier, der bereits, jenseits von Gut und Böse, völlig frei von menschlichen Bedürfnissen und Regungen ist, aber sie ist auch kein Ersatz für nicht ausgelebte Sexualität! Wir hoffen, dass im Laufe dieser Ausführungen deutlich wird, dass Sexualmagie nicht dasselbe ist wie Sexualität - ein wichtiger Punkt, der nicht oft genug betont werden kann! Es soll hier nicht behauptet werden, dass Sie die Finger von der Sexualmagie lassen müssen, wenn Sie in ihr lediglich eine Ersatzbefriedigung suchen oder gar die Möglichkeit, endlich auf "legitime" Weise all das praktizieren zu dürfen, was Sie sich sonst nicht trauen würden (z.B. Gruppensex, Partnertausch, Homosexualität usw.). Auch dies kann eine hinreichende Triebkraft sein, die schließlich zur echten Sexualmagie führt - doch müssen Sie sich in diesem Fall vor allem und sehr eindringlich mit der vorbereitenden Praxis beschäftigen, der wir noch manche Seite widmen werden. Tun Sie das nämlich nicht, so werden Sie feststellen, dass die Sexualmagie die Sammlung Ihrer Enttäuschungen nur noch um einige weitere, möglicherweise besonders "hässliche" erweitert! Die Sexualmagie arbeitet zwar mit der Lustenergie, aber deshalb bereitet sie keineswegs immer Vergnügen, sondern ist im Gegenteil oft recht anstrengend.
Wer an die Sexualmagie Erwartungen stellt, die eigentlich an die Adresse der eigenen sexuellen Verklemmtheit gerichtet werden müssten, dem wird sie den Ball unaufgefordert und gnadenlos wieder zurückspielen.

Anders als das östliche Tantra arbeitet die westliche Sexualmagie sehr betont mit dem männlichen wie weiblichen Orgasmus. Von daher ist die Orgasmusfähigkeit des Praktikanten natürlich auch eine notwendige Voraussetzung für das Ausüben dieser Kunst. Dies gilt zumindest für körperlich
- sexuell gesunde, also organisch orgasmusfähige Menschen. Wer aus psychosomatischen Ursachen heraus Orgasmusschwierigkeiten hat, dem bleibt der Pfad der Sexualmagie deshalb noch lange nicht verschlossen; er oder sie muss freilich für die so genannten "höheren" Stufen diese Fähigkeit (wieder) erschließen, wozu in diesem Werk auch entsprechende Hinweise gegeben werden.

Orgasmusvermeidende Praktiken wie Tantra, Tao Yoga, Carezza usw. haben zwar in der Sexualmagie als Hilfsdisziplinen durchaus ihren Platz, doch verlangen, wie erwähnt, viele sexualmagischen Operationen nach dem Orgasmus des Magiers oder der Magierin. Allerdings ist damit nicht unbedingt der reine Genitalorgasmus (der so genannte "Gipfelorgasmus") gemeint, wie wir ihn gemeinhin kennen. Auch der "Tal - " oder "Ganzkörperorgasmus", der beim Mann in der Regel ohne Ejakulation verläuft, ist dafür voll brauchbar, ja er ist dem Gipfelorgasmus gelegentlich sogar vorzuziehen. Auch hierauf soll in entsprechendem Zusammenhang noch näher eingegangen werden. Schließlich sei noch eine weitere Anforderung erwähnt, die für alle Magie gilt: Der Magier muss über eine stabile seelische ("psychische") Verfassung verfügen. Dieser Punkt ist vielleicht der heikelste von allen, und dies aus mehreren Gründen: Zum einen ist der Begriff "stabil" recht unscharf, lässt sich aber leider nicht genauer präzisieren. Wer sich gerade mit Mühe und Not seelischpsychisch im Leben "über Wasser" hält und ständig Gefahr läuft, von einem psychotischen oder schizoiden Schub .in den anderen abzugleiten, der sollte die Finger von jeder Form der Magie lassen - das kann gar nicht eindringlich genug betont werden!

Der zweite Grund, weshalb der Begriff "stabile seelisch psychische Verfassung" etwas problematisch ist, scheint dieser Forderung regelrecht zu widersprechen: Oft ist es nämlich so, dass es gerade die innerseelischen Spannungen sind, die den Menschen überhaupt erst zur Magie befähigen! Gregorius hat dies einmal an einer astrologischen Symbolik verdeutlicht: Für gewöhnlich sieht kein Astrologe alter Schule Quadraturen, also 90 Grad - Aspekte, im Geburtshoroskop, bei Transiten oder Direktionen besonders gern. Sie gelten als problematisch und spannungsreich, ja oft als geradezu katastrophal, auch wenn die moderne, vor allem die tiefenpsychologisch orientierte Astrologie diese Aussage inzwischen sehr stark abgeschwächt und relativiert hat. Gregorius behauptet jedoch sinngemäß, dass ein Magier sich im Prinzip gar nicht genug Quadraturen wünschen kann!

Denn diese, so führt er aus, seien "kosmische Einfallswinkel", Positionen also, die für überindividuelle oder transpersonale, mithin also für magische Kräfte empfänglich machen. In die Sprache der psychologischen Magie übersetzt bedeutet das: Erst die inneren und äußeren Spannungen erschließen uns überhaupt die uns und der Welt innewohnenden magischen Kräfte und können sie für uns handhabbar machen. Mit anderen Worten: Wäre der Magier nicht von sich aus bereits ständig in Gefahr, in den so genannten "Wahnsinn" abzugleiten, so könnte er auch nicht über die Kräfte verfügen, die zur Ausübung seines Metiers nötig sind.

Insofern stellt die Magie in gewissem Maße sogar eine Form der Therapie geistig - seelischer Störungen dar, und oft wird sie ja auch als eine Art " gesteuerter Schizophrenie" bezeichnet, was vor allem auf die so genannte "theurgische" und die Besessenheitsmagie zutrifft. Dies bringt uns endlich zur Frage, was denn Magie überhaupt sei. Wer sich schon länger mit magischer Literatur beschäftigt hat, dem werden bereits zahlreiche Definitionen der Magie begegnet sein. Wir wollen uns hier auf die folgende beschränken, die eine Abwandlung der altbekannten Formulierung des Altmeisters der modernen Magie, Aleister Crowleys, darstellt: "Magie ist die Kunst und die Wissenschaft, mittels veränderter Bewusstseinszustände Veränderungen auf der stofflichen wie geistigen Ebene herbeizuführen."

Mittels veränderter Bewusstseinszustände" diesen Grundsatz sollten Sie sich genau einprägen. Denn, so formuliert es das Liber Null sehr treffend: "Veränderte Bewusstseinszustände sind der Schlüssel zu magischen Fähigkeiten." Die für die Magie benötigten Bewusstseinszustände nennen wir hier, ebenfalls in Anlehnung an das Liber Null, "gnostische Trancen" oder, kürzer, "Gnosis".

Gnosis ist ein späthellenischer Begriff, der eigentlich soviel wie "intuitives, offenbartes Wissen" bedeutet, Er wird hier in diesem, modernen, Zusammenhang verwendet, weil damit a) die intuitive und subjektive Seite des magischen Handelns betont wird; und b) weil wir es bei der "gnostischen Trance" um eine Art "Hyper - Luzidität", also "Über - Wissen" zu tun haben, eine gesteigerte "Klar" - Sicht, für die es in unsere Sprachschatz keine richtige Entsprechung gibt. Am besten ließe sich dieser Zustand vielleicht noch als eine Mischung zwischen "Offenbarung" und "Hellsichtigkeit" umschreiben.
Die Sexualmagie bezieht einen großen Teil ihrer Mächtigkeit gerade aus der Tatsache, daß die Sexualität ganz allgemein und der Orgasmus im besonderen uns eine geradezu ideale "natürliche" gnostische Trance für die magische Arbeit bietet. (Crowley nennt dies die "eroto komatose Luzidität", also die durch erotische Praktiken herbeigeführte, dem Koma oder der Besinnungslosigkeit ähnliche Hellsichtigkeit.) Dies bedingt, daß wir dabei also weitgehend auf eine oft sehr umständliche meditative und mystische Tranceschulung verzichten können, denn wir bedienen uns von vornherein jener natürlichen Trance, die wir den Orgasmus oder die sexuelle Erregung nennen. Wobei es sich von alleine verstehen sollte, dass der Begriff "Trance" hier nicht etwa die hypnotische Volltrance meint, bei der der Klient (oder das Opfer . . .) jegliche Kontrolle über sein eigenes Tun verliert und vom Hypnotiseur beliebig zu manipulieren ist.

Die gnostische Trance gleicht der hypnotischen zwar in einigen äußerlichen Merkmalen, doch bleibt die Willens - und die Entscheidungsfreiheit des Magiers dabei voll erhalten, auch wenn er sich dabei in einer anderen, oft recht bizarr anmutenden Realität befinden mag!

Die drei Säulen der westlichen Magie, wie wir sie heute verstehen, sind Wille, Imagination und gnostische Trance. Letztere haben wir hier als erstes behandelt, und dies aus gutem Grund: Ohne sie nützen Wille und Imagination allein nämlich so viel wie überhaupt nichts! Andererseits ist diese Erkenntnis, wenngleich sie den alten Meistern z.B. des Mittelalters sicherlich auf nicht ausgesprochene Weise wohlbekannt war, in der magischen Literatur erst vergleichsweise spät vermittelt worden, nämlich in den siebziger und achtziger Jahren unseres Jahrhunderts. Bis dahin galten Wille und Imagination allein als völlig ausreichend für die magische Praxis. Leider bietet uns dies dann eine Magie, die sich vom Positiven Denken und anderen, ähnlichen Psychopraktiken von der Grundstruktur her kaum wirklich unterscheidet und entsprechend oft auch nur ähnlich mühsam zu erringende oder gar oberflächliche Ergebnisse erzielt. Gerade durch die recht späte Begegnung mit dem Schamanismus und durch die Entwicklung des auf der zeitgenössischen Chaos - Magie fußenden "Freistilschamanismus" (etwa eines Pete Carroll, eines Ray Sherwin u.a.) ist uns so richtig bewußt geworden, welche Schlüsselrolle doch der gnostischen Trance bei aller Magie zukommt.

Wille und Imagination entsprechen auch Zielbewusstheit und Visualisationskraft. Diese wurden in der westlichen Tradition stark gepflegt.

Wichtig ist vielleicht noch erneut zu erwähnen, daß sich Sexualmagie und Sexualmystik insofern voneinander unterscheiden, als die erstere meist zielgerichtet und erfolgsorientiert ist, während die zweitere in der Regel auf Beeinflussung materieller oder psychischer Art verzichtet, um statt dessen vor allem die Erfahrung und die Ekstase (ebenfalls eine Form der gnostischen Trance!) in den Vordergrund zu stellen. Wir haben am Schluss dieses Buchs auch ein sexualmystisches Ritual geschildert, das zur Abrundung und Ergänzung dient. In Wirklichkeit ist die Trennung Magie / Mystik ab einer gewissen Stufe nämlich nur noch eine künstliche und wirkt geradezu albern: Denn schlussendlich werden Magier und Mystiker irgendwann wieder eins - weil sie nämlich beide zu Gott werden und schon insofern ihr Schöpfungsrecht wahrnehmen und ausüben, und sei es oft auch nur durch den Verzicht auf seine Ausübung!

DER UMGANG MIT DER SEXUALITÄT

Es wurde schon darauf hingewiesen: die Einstellung zur Sexualität des Menschen bewegte sich im Laufe der Geschichte stets innerhalb zweier Extreme. Entweder man verteufelte das Geschlechtliche als "Satanslust" und als gefährlichen Trieb, der gesellschaftliche Ordnung und Seelenheil bedrohte, oder man "übersakralisierte" es, machte es zu etwas außerordentlich Heiligem und Sakrosanktem. In beiden Fällen war der Effekt in etwa der gleiche: die Sexualität galt als "unantastbar", sei es, weil sie den Menschen befleckte, sei es, weil der Menschen in seiner eigenen Unreinheit Gefahr lief, dieses "Himmelsgeschenk" seinerseits zu beschmutzen.

Die Folge waren Neurosen und Verdrängungen, Tabus und Verklemmtheiten, die auch heute noch weitgehend unsere Sexualität im allgemeinen prägen, wenngleich inzwischen oft vielleicht eher unbewusst. Denn obwohl zumindest im Abendland die allgemeine Einstellung zur Sexualität inzwischen nach außen hin liberaler geworden sein mag, wenngleich die Zügel gewiss etwas gelockert wurden, hat sich der Mensch innerlich noch lange nicht zu jener äußeren Freiheit hinentwickelt, sind Eifersuchtsdramen und Entfremdung, Leeregefühl und Impotenz nach wie vor an der Tagesordnung, steigt die Zahl der Triebverbrechen unverändert, findet die Sexualität immer mehr auf der Bildebene der Pornographie, also im "Kopf" statt, anstatt den ganzen Körper des Menschen zu erfassen und zu umfassen. Das Ergebnis ist eine sexuelle Frustration, die den Glauben an die befreiende Wirkung der Sexualität, an ihre Möglichkeiten zur Selbstverwirklichung des Einzelnen in Frage
 stellt und schließlich in Ekel und Skepsis umschlagen lässt.

Das gilt übrigens nicht nur im Westen allein, diese Misere findet vielmehr weltweit statt. Gerade die von schwärmerischen Naturen so hoch gepriesenen klassischen Länder "orientalischer Liebeskunst", etwa Indien, China, der arabisch - islamische Kulturraum usw. kennen heute die größten Tabus und die schärfsten Strafen für jene, die sie übertreten oder brechen. Die Prüderie ist international und keinesfalls nur auf die katholische Kirche und ihre puritanischen Ableger beschränkt.

Auf der Strecke bleibt dabei natürlich der Mensch: Da verfügt diese "Krone der Schöpfung" über eine Energiequelle allererster Güte, über eine Kraft, die das ganze Leben, wie wir es kennen, prägt, durchzieht und überhaupt erst möglich macht, und was tut er damit? Er fürchtet sich vor ihr, er verdrängt sie, lässt ihr allenfalls im verschämten ehelichen oder außerehelichen Kämmerlein oder in der geistlosen Un - Erotik der Peepshows Raum, sich - mit stark beschnittenen Flügeln - zu entfalten. Daran ändert auch die gängige Promiskuität und das Gedeihen von Sexclubs und Bordellen nicht viel, im Gegenteil:

Derlei Erscheinungen sind ja nun nicht gerade neu, doch dürfte unsere Epoche wahrscheinlich den Vogel in Sachen "lustlose Lust" abschießen. Die Hetzjagd nach der sexuellen Erfüllung geht, trotz Kinsey - Report und Liebeshandbüchern, trotz Sexualtherapien und sexueller Emanzipation, unvermindert weiter, gelegentlich unterbrochen (oder gar noch angestachelt?) von Faktoren wie der jüngsten Herpes - und AIDS - Hysterie und ähnlichen, oft als "Geißeln Gottes" gedeuteten, Selbstbestrafungsmechanismen.

Als Charles Darwin seine Evolutionstheorie entwickelte und, etwas verkürzt formuliert, nachzuweisen versuchte, dass der Mensch im Prinzip vom Affen abstammt, ging ein Aufschrei der Empörung durch die europäische Zivilisation. Als Sigmund Freud, ein knappes Halbjahrhundert später, den Sexualtrieb zum Seelenfaktor Nummer eins erklärte und sich anschickte, den Menschen vor allem als triebgeprägt zu deuten, ja einen Großteil seiner seelischen Störungen auf den falschen Umgang mit diesem Trieb zurückzuführen, da war erneut buchstäblich die Hölle los. Wieder waren es Kirche und Reaktion, die sich (zum Teil noch bis heute) gegen ein solches Menschenbild stemmten und dagegen Sturm liefen. In beiden Fällen war das Grundmotiv das gleiche: Man weigerte sich, die "Tiernatur" des Menschen anzuerkennen, einmal genetisch (Darwin), einmal sexualistisch (Freud). Gerade im Falle Freuds werden die Unterdrückungsmechanismen besonders deutlich, hatten doch schon die (heidnischen!) altgriechischen Philosophen die Sexualität als "tierischen" Trieb abgestempelt, den es zu überwinden galt. Man sollte sich freilich nicht allzu überheblich über derlei Reaktionen mokieren. Dahinter stand immerhin einmal mehr eine Ur - Angst, die Angst nämlich, der ganze mühsame Evolutionsprozeß (der ja interessanterweise, zumindest was die kulturell - sittliche Entwicklung und die Heilsgeschichte anbelangt, auch von Darwins Kritikern weitgehend anerkannt wurde) könne gefährdet sein.

Sollte denn wirklich nach zigtausendjähriger Entwicklung als Fazit nichts anderes übrig geblieben sein als daß der Mensch im Grunde doch nur ein Tier sei, und gar nicht einmal unbedingt ein viel besseres als die anderen? Wir werden auf diesen Tieraspekt noch zurückkommen, wenn wir uns mit der atavistischen Magie befassen. Hier möge fürs erste die Feststellung genügen, dass diese entwicklungsgeschichtlichen Ausführungen nötig sind, um uns Klarheit über unsere heutige Position zu verschaffen, um zu erkennen, daß wir auch das weltanschauliche Erbe unserer Vorfahren in uns tragen, nicht nur das genetische!

Denn eines hat sich trotz aller Veränderungen bis in unsere Zeit erhalten: die Angst vor der Sexualität! Nun hat die moderne Psychologie auf mannigfache Weise ihre Schlüsse und Konsequenzen aus dieser "Angstnatur" des Menschen gezogen. Hört man heutige Psychologen über ihre Disziplin sprechen, so fällt auf, dass sie sehr oft ein neues Menschenbild vertreten, das jeder von uns in größerem oder geringerem Ausmaß bereits
verinnerlicht hat: nämlich die Utopie vom angstfreien Menschen. Schon Freud und Adler wollten den Menschen von seinen Komplexen und Neurosen befreien, Groddek strebte mit seiner Psychosomatik das gleiche an, und heute sind die Zeitschriften voll von Begriffen wie "angst - und repressionsfreie Pädagogik", "Befreiung von Sexualängsten", zwangsfreie Partnerschaft" usw. Prüfen Sie sich doch einmal " selbst: Meinen nicht auch Sie, daß es das Ziel des Menschen sein sollte, möglichst "frei" zu sein, nämlich frei von Ängsten und Zwängen, von Verdrängungen und Hemmungen, von Komplexen und Neurosen, kurz von Zwangsverhalten aller Art?

Diese Einstellung hat zu mancherlei Exzessen geführt, von denen einige inzwischen bereits wieder fast in Vergessenheit geraten sind (man denke etwa an die Kommunen der Apo - Zeit oder an die "antiautoritäre Erziehung nach dem Prinzip Summerhill o.ä.). Hängen geblieben ist nach den stürmischen spät sechziger Jahren, etwas überspitzt formuliert, eine Art "Saubermannideal" der Psychologie: Die meisten Psychologen scheinen die ganze Seele des Menschen nur noch als Herausforderung zum "Saubermachen" anzusehen. Da soll möglichst alles mit Stumpf und Stiel ausgerottet werden, was nicht ganz "keimfrei" ist, also nach Ängsten und Komplexen riecht.

Dies gilt insbesondere für die Sexualität, die ebenfalls möglichst "repressionsfrei" ausgelebt werden soll usw. Angst gilt als "böse", als ebensolches "Satanswerk" wie früher die Ausschweifung und Zügellosigkeit. Nun soll hier gewiss nicht kritisiert werden, daß die Psychologie danach strebt, den Menschen zu befreien. Das will die Magie, und gerade die Sexualmagie, schließlich auch. Doch geht letztere dabei etwas andere und, wie wir meinen, vernünftigere, wirkungsvollere und realistischere Wege. Denn den völlig angstfreien Menschen gibt es nicht, ja kann es gar nicht geben. Wir dürfen nämlich nicht vergessen, dass die Angst eine wesentliche Grundbedingung für das biologische Überleben darstellt. Überlebenstrieb und Angst vor dem Tod sind nur zwei Seiten ein und derselben Medaille. Wäre nicht die Angst vor dem Erfrieren, der Hungersnot und dem Verdursten, es gäbe weder Kleidung noch Architektur, weder Ackerbau, weder Nahrungsmittelsilos noch Trinkwasserbecken –kurz um, überhaupt keine Zivilisation und Kultur.

Doch damit nicht genug. In der Magie spielt die Angst oft eine entscheidende Rolle, verleiht sie doch gewaltige Kraft, wenn man nur richtig mit ihr umgeht. Aus diesem Grund galt in der Magie des Mittelalters auch das Prinzip der "Einweihung durch Schrecken": der Aspirant musste nach manchen seelischen Torturen beispielsweise zu Neumond bzw. Mitternacht (also zur ominösen, unheilvollen "Geisterstunde") in einer Gruft oder auf dem Friedhof schaurige Beschwörungen durchführen, womöglich ein Blutopfer darbringen, sich den "Mächten der Hölle" stellen usw. Schamanismus und Kaula Tantra kennen übrigens ähnliche Praktiken. Angst ist sogar eine Grundenergie der Dämonenevokation. Ohne Angst und Schrecken sind Dämonen in der Regel nicht sichtbar zu evozieren, sie "ernähren" sich gewissermaßen von dieser Kraft des Magiers.

Ein weiteres Problem beim Umgang mit der Sexualität sind die Tabus. Doch auch diese haben ihren eigenen Wert. Im Tantra wird systematisch damit gearbeitet, etwa beim Pancha makara, bei dem der bewusste Tabubruch auf dem Gebiet der Ernährung und der Sexualität (z.B. Inzesttabus) als Energiequelle für die weiterführende Meditation und
Bewusstseinserweiterung dient. Wie bei der in schamanischen Kulturen (und auch heute bei uns noch unter Kindern und Banden von Jugendlichen und Heranwachsenden) üblichen Mutprobe, stellt das Springen über den eigenen Schatten einen wichtigen Entwicklungsschritt auf dem Weg zur Selbstbestimmtheit dar. Nicht jeder wir d so weit gehen wollen wie der Chaos - Magier, der konsequenterweise gelegentlich auch im
Sexuellen die Ekeltrance sucht, um mit dieser magisch zu arbeiten. Doch sollte die dahinter stehende Grundstruktur für jeden Sexualmagier verbindlich sein: durch den Einsatz bizarrer, ungewohnter und dem Verstand oft abstrus erscheinender Praktiken erhalten wir Zugang zu jenen veränderten Bewußtseinszuständen, welche, wie schon erwähnt, den Schlüssel zur magischen Kraft darstellen.

Flüchten Sie sich dabei jedoch im eigenen Interesse nicht in Ausreden wie: "Das brauche ich nicht, ich komme auch so in gnostische Trance"; oder: "Derartig drastische Methoden sind doch unnatürlich und gefährlich" usw. Zum einen zeigen solche Ausflüchte in der Regel genau jene Hebelpunkte auf, an denen man ansetzen muss, will man mit der magischen Entwicklung
(und der Entwicklung zum Magier!) ernst machen. Zum anderen ist Trance nicht gleich Trance, und das gilt, auch für die gnostische. Mit etwas Erfahrung werden Sie feststellen, dass die Magis (übrigens ähnlich wie Chi oder Prana) durchaus unterschiedliche Qualitäten haben kann, je nachdem, mit welchen Mitteln wir sie freisetzen.

Der Laie und Anfänger unterscheidet meistens nur zwischen "schwächerer" und "stärkerer" magischer Energie; von daher rühren auch die Vorurteile, die man manchen Magieformen entgegenbringt ("Schwarze Magie ist mächtiger als Weiße Magie" Voodoo ist stärker als westliche, "Magie" usw.). Der erfahrene Magier hingegen weiß genauer zu differenzieren.

Er unterscheidet, sofern er Pragmatiker ist, stets situativ: Jede magische Operation bedarf nämlich imgrunde einer eigenen Form der Magis, und diese freizusetzen gelingt nur durch die Kombinatorik bestimmter Techniken, Reize und Trancen. Das ist ein sehr individueller Vorgang, und es lassen sich daher keine starren Regeln für ein "korrektes" Verfahren aufstellen. So wird der eine Magier beispielsweise für die Geldmagie ausschließlich planetenmagische Operationen mit dem Jupiter - und Merkur - Prinzip wählen, während
sein Kollege sich dabei ebenso ausschließlich der Sigillenmagie bedient; ein anderer schwört dafür auf die Sexualmagie usw. Magie ist nicht zuletzt auch die Kunst, diese Kombinatorik der Energien zu beherrschen und stets das Angemessenste und Erfolg Versprechende zu tun. Das lässt sich aber nur durch Intuition und viel Erfahrung erreichen, und aus diesem Grund bleibt es keinem Magier erspart, mit möglichst vielen
Techniken und Methoden zu experimentieren, um sie aus eigener Anschauung heraus beurteilen zu können.

Auch in der Magie gibt es, wie in jeder anderen Disziplin, Buchhalter - , Künstler - und Forschernaturen, wird phantasielos oder phantasievoll gearbeitet. Das ist eine Sache des Talents und des Temperaments, doch strebt
der Magier auch, anders als der Durchschnittsmensch, in der Regel nicht danach, sich möglichst bald eine möglichst wasserdichte und katastrophenarme Realität zusammenzuzimmern; er sucht vielmehr (auch das unterscheidet ihn zunächst vom Mystiker) die Vielfalt, eben das bunte Leben. Es versteht sich von selbst, dass dazu auch der Mut gehört, nicht nur die Tabus anderer zu brechen, sondern vor allem auch die eigenen.

Sind Ihnen bestimmte sexuelle Praktiken sehr stark zuwider, können Sie sicher sein, dass an diesen Punkten auch sehr starke innere Energien gebunden sind.
Zwingen Sie sich
bewusst zur Auseinandersetzung mit diesen Praktiken, so werden Sie unweigerlich feststellen, dass dies in Ihnen eine ganz andere Kraft und Magis freisetzt, als dies bei weniger verfänglichen Techniken der Fall gewesen wäre.

Das bedeutet freilich nicht, dass Sie deshalb dabei auch eine besonders angenehme Erfahrung machen werden, oft ist das genaue Gegenteil der Fall. Aber die "Einweihung durch Schrecken" war und ist ja auch nie eine angenehme oder gar "gemütliche" Erfahrung, und doch führt sie oft sehr viel gründlicher, schneller und effektiver zum nächsten Teilziel, als dies die Zimperlichkeit vermag. Dies sollten Sie stets bedenken, bevor Sie sich dazu entschließen, eine bestimmte sexualmagische Erfahrung zu verweigern (was allerdings durchaus auch sinnvoll sein kann!).

Andererseits ist ein erzwungener Tabubruch nur eine sinnlose Quälerei, wenn nicht dahinter die richtige Einstellung und Zielsetzung steht. Nackte Angst allein macht noch keine Einweihung, auch nicht die Tatsache, dass man sie vielleicht überlebt oder überwunden hat. Aus diesem Grunde ist es auch so wichtig, was übrigens alle guten Magiebücher betonen, dass der Magier zu seinem eigenen Willen findet, dass er ein Ziel vor Augen hat und weiß, weshalb er den Tabubruch begehen muss und will. Dies im Alleingang zu tun, ist oft sehr schwierig, weshalb sich auch manch ein angehender Adept nach einem Meister oder Lehrer sehnt. Doch hat das Meister - Schüler - Prinzip auch seine Tücken: Zwingt der Meister den Schüler wider dessen Wollen (nicht "Willen"!) zu bestimmten Dingen, richtet sich die Energie des also Gepeinigten nur zu oft in Form von Wut, Hass und Auflehnung gegen den Lehrer, anstatt sich auf die ihm gestellte eigentliche Aufgabe zu konzentrieren. Der Meister wiederum muß einen Großteil seiner Arbeit darauf verwenden, den Schüler zur richtigen Rebellion gegen ihn selbst anzustacheln - zu einer Rebellion nämlich, die zu einer echten Abnabelung und Selbstständigwerdung führt. Aleister Crowley, zu dessen Hauptverdiensten um die Magie es nicht zuletzt auch gehörte, das Prinzip der Selbsteinweihung auf feste Beine gestellt zu haben, weist in seinen Abhandlungen zur Magie darauf hin, dass vor allem der Anfänger dazu neigt, Praktiken und Gebiete zu bevorzugen, die ihm am meisten liegen und am leichtesten fallen.

Dadurch werde, führt Crowley aus, ein bereits bestehendes Ungleichgewicht nur noch verstärkt. Insofern hat der gezielte Tabubruch zugleich eine pädagogische und eine ausgleichende Funktion, weil er zu einer ausgewogenern magischen Persönlichkeit führen will. In kaum einem Bereich wird dies so deutlich wie in der Sexualität. Ich möchte an dieser Stelle die Behauptung wagen, dass die Sexualmagie aus dieser Tatsache auch den Großteil ihrer Kraft schöpft:

Dadurch, dass sie auch mit Sexualängsten und Tabus arbeitet, setzt sie vor allem am Anfang eine ungeheure Erfolgsenergie frei, weshalb auch gerade Anfänger von ihrer Wirkung so überrascht sind. Doch ist ein Tabu einmal oder gar mehrfach gebrochen worden, verliert es natürlich an "Unterdrückungskraft". Es ist als würde man den Deckel des kochenden Wassertopfs ständig öffnen, um so den Dampfdruck zu vermindern. Allerdings führt die Sexualmagie über den reinen Tabubruch weit hinaus. Um ein Beispiel zu geben: Ist der Dampf erst einmal (meist explosionsartig) abgelassen worden, kann man sich gezielt der Energie des kochenden Wassers selbst bedienen. Mit diesem Bild soll auch deutlich gemacht werden, dass es bei der Sexualmagie nicht um den Tabubruch allein geht. Er stellt vielmehr eine wertvolle Hilfe dar und sollte auch als solche respektiert und angewandt werden, aber er ist keineswegs das einzige Kraftprinzip dieser Praktik und schon gar nicht ihr alleiniges Hauptziel!

Ein schwerwiegendes Problem, welches in der Praxis der Sexualmagie eine große Rolle spielt, ist das der Liebe. In diesem Werk wollen wir uns allerdings nicht ausführlich damit befassen, und zwar aus mehreren Gründen, die hier kurz beleuchtet werden sollen. Dass Liebe und Sexualität eng zusammengehören, galt keineswegs immer als so unfraglich, wie wir es heute oft sehen. Gerade in Zeiten unterdrückter Sexualität wurde vornehmlich", die reine durch Sexualität "unbefleckte" Liebe propagiert.

Das hat sich jedoch inzwischen weitgehend geändert, und heute sind sich, von wenigen religiösen Fanatikern abgesehen, die meisten Menschen darin einig, dass die Sexualität zur Liebe gehört. Egal, ob dies nun unbedingt im Rahmen einer institutionalisierten Ehe sein muss, oder ob man auch die so genannte "freie Liebe" (oder "wilde Ehe") toleriert - die Grundeinstellung ist weitgehend dieselbe.

Doch gilt diese Gleichung auch in umgekehrter Richtung? Gehört zur Sexualität ebenso unverzichtbar die Liebe? Wenn dem tatsächlich so wäre, hätten Prostitution und Pornoindustrie wohl schon längst ausgedient, ja sie wären nicht einmal entstanden oder notwendig geworden. Oft wird eingewendet, dass diese Spielarten der verkommerzialisierten Sexualität (der Volksmund spricht ja auch von "käuflicher Liebe" - dabei werden Liebe und Sex vollends gleichgesetzt und als eins begriffen) typische Erscheinungsformen männlich patriarchalischer Gesellschaften seien und vor allem die männliche, nicht aber die weibliche Sexualität widerspiegeln. Es gibt freilich auch gegenteilige Meinungen. Wir können diese Frage hier nicht entscheiden, da dies von
unserem eigentlichen Thema fortführen würde. Festhalten lässt sich nur die vergleichsweise triviale Feststellung, dass diese Angelegenheit recht umstritten ist.

Ob allerdings zur Sexualmagie die Liebe gehört, ist ein gänzlich anderes Problem. Viel hängt davon ab, wie man den Begriff der "Liebe" genau definiert; dies zu tun ist hier ebenfalls nicht unsere Aufgabe. Ich kann Ihnen nur meine persönliche Meinung dazu wiedergeben, ohne Ihnen jedoch die eigene Entscheidung für oder wider abnehmen zu
können. Wenn Sie unter Liebe die auf einen Partner allein fixierte und projizierte Bindung an Ihren eigenen Besitztrieb, Ihre Verlustängste und Ersatzbefriedigungen verstehen, einen Hort der Eifersucht, des Neids und der "wohlmeinenden Missgunst", dann hat die Liebe sicherlich in der Sexualmagie keinen Platz. Ebenso wenn Ihr Liebespartner alles Magische oder gar Sexualmagische, aus welchen Gründen auch immer, ablehnen sollte.

Auch eine ausschließliche Fixierung auf die Monogamie verschließt Ihnen zahlreiche Wege, die tief ins Land der praktischen Sexualmagie führen, ebenso natürlich viele sexuelle Tabus, die ja oft mit Liebe verwechselt werden. Generell will die Magie befreien, und nicht versklaven - und die Sexualmagie will dies verstärkt eben auch auf sexuellem Gebiet leisten.
Wenn Sie dagegen Liebe als Achtung des anderen in seiner Andersartigkeit und in seinem Recht auf persönliche Weiterentwicklung verstehen ("Jeder Mann und jede Frau ist ein Stern", heißt es in Crowleys Buch des Gesetzes); wenn Ihr Liebesbegriff mit Einschließt, dass Sie Vertrauen und Zutrauen haben, dass Sie dem anderen zubilligen, auch sexuelle Entscheidungen zu treffen, mit denen Sie selbst vielleicht nicht immer einverstanden sind dann ist Ihre Liebe meiner Meinung durchaus reif für die Sexualmagie und kann dieser nur nützen.
Immerhin beginnt die Praxis der Sexualmagie in der Regel nicht mit der Partnerarbeit, sondern mit autoerotischen Techniken. Das hat verschiedene Gründe, auf die wir noch eingehen werden, unter anderem den, dass der mögliche Konflikt mit einem vielleicht widerstrebenden Partner dabei weitgehend ausgeschaltet ist. Viele Sexualmagier arbeiten sogar ausschließlich auf der autoerotischen Ebene. Dagegen ist auch nichts einzuwenden, solange es nicht lediglich eine bereits bestehende Einseitigkeit oder Unfähigkeit festschreibt und andere Praktiken unmöglich macht. Um wieder unser Beispiel vom Autofahren zu bemühen: Das wäre wie ein Autofahrer, der ausschließlich 80 Stundenkilometer zu fahren bereit ist und ebenso ausschließlich nur Rechtskurven beherrscht: Er hat nur ein sehr beschränktes Ausübungsfeld und wird sehr oft sich selbst und andere in Gefahr bringen, weil er nur starr reagieren kann. Dennoch muss gesagt werden, dass die autoerotische Sexualmagie nicht etwa nur für den Anfang der Praxis von großer Bedeutung ist.

Es geht jedoch, wie gesagt, vor allem um die Vermeidung von Einseitigkeit. Wie bei den Bemerkungen zu den Tabus schon erwähnt, sollte der wirkliche Sexualmagier sich mit möglichst vielen Aspekten der Sexualmagie
vertraut machen und entsprechende Erfahrung sammeln, bevor er sein persönliches, ganz individuelles System entwickelt und auf der Klaviatur magischer Energien virtuos zu
spielen lernt.

Körperentspannung

Eine Grundvoraussetzung für jede bewusste Körperarbeit ist die Fähigkeit zur Entspannung.

" Sie werden in diesem Abschnitt eine Variante der Tiefenentspannung kennen lernen, die Sie vielleicht in ähnlicher Form schon öfter in der Literatur erwähnt gefunden haben. Freilich zielt unsere spezielle Technik eher auf unsere spezifischen Bedürfnisse als Sexualmagier ab und verwendet auch Techniken, wie sie im Tao Yoga und Tantra üblich sind. Ich empfehle daher, auch dann mit unserer Tiefenentspannung zu experimentieren, wenn Sie bereits über viel Erfahrung mit anderen Entspannungstechniken verfügen oder ganz allgemein sehr entspannungsfähig sein sollten.

Zuvor müssen wir uns allerdings die Frage stellen, weshalb wir überhaupt einen solchen Wert ausgerechnet auf die Entspannung legen. Schließlich arbeitet die Sexualmagie ja mit der sexuellen Erregung, also eher mit der Bewegung als mit der Ruhe. Wozu dann also mit der Ruheförderung beginnen?

Nun, darauf gibt es mehrere Antworten. Zunächst einmal ist die überwiegende Zahl sexueller Probleme auf eine mangelnde Entspannungsfähigkeit zurückzuführen. Angst macht verkrampft und umgekehrt können Verkrampfungen die Angst im Unbewussten (und im Körpergedächtnis selbst!) verankern und zementieren. Körperbetonte Therapieformen wie etwa Bioenergetik, Rebirthing, Rolfing und Posturale Integration beweisen immer wieder, dass sich Ängste und Traumata gerade im Körperlichen festfressen" und durch den bewussten und gekonnten Einsatz körperlicher Übungen entschärft und verarbeitet werden können.

Zum anderen verhält es sich beim Umgang mit der Sexualmagie ähnlich wie mit der Behandlung von Chi oder Prana in den Budo (Kampfsport) Künsten Asiens, in der Akupunktur, beim T'ai Chi usw.: Die jeweilige Energie wird zunächst im Zustand der Ruhe und Entspannung gebündelt und konzentriert, bevor sie (meist explosionsartig) auf ihr Ziel gelenkt wird.

Ferner ist die Entspannung Voraussetzung echter Körperbeherrschung. Zu letzterer gehört speziell in der Sexualmagie ein gestärktes Becken, die Fähigkeit zur Verzögerung und Beschleunigung von Orgasmen, Atemtechnik und manches andere mehr. Wir dürfen nicht außer Acht lassen, dass wir bei sexualmagischen Operationen in der Regel mit einer recht heftigen Orgasmustrance arbeiten, die uns nur zu leicht überwältigen kann. Das wird gerade am Anfang gehäuft geschehen und ist an sich beim Anfänger noch kein Beinbruch; doch sollte das Ziel stets darin bestehen, zu einer möglichst vollkommenen Kontrolle über die Sexualmagie zu gelangen, und diese wollen wir mit den folgenden Übungen vorbereiten helfen.

Die sexualmagische Tiefenentspannung 1.

Die Übung ist vorzugsweise in unbekleidetem Zustand durchzuführen, doch sollte in diesem Fall für eine angenehme Raumtemperatur Sorge getragen werden. Nötigenfalls genügt auch eine dünne, leichte Decke, um eine etwaige Verkühlung zu verhindern. Sorgen Sie außerdem dafür, dass Sie beim Durchführen dieser Übung mindestens eine halbe bis dreiviertel Stunde lang ungestört bleiben.

Ausgangsposition ist die so genannte "Totenlage": Auf dem Rücken liegend, strecken sie die Arme gerade leicht vom Körper ab (ca. 15 cm), die Handflächen nach oben gerichtet, die Finger locker und gelöst. Die Füße liegen ebenfalls ein Stück auseinander. Die Augen sind geschlossen, die Zimmerbeleuchtung sollte matt und gedämpft sein.

Entspannen Sie sich nun, so gut Sie eben können. Vielleicht stellen Sie sich vor, Sie seien eine Katze, die sich wohlig ausruht, die ersten Minuten können Sie sich auch getrost etwas umherwälzen, bis Sie sich richtig wohl fühlen, wenn Sie die endgültige Totenlage einnehmen. Ab nun sollten Sie sich allerdings nicht mehr bewegen, bis dies gefordert ist.
Die Atmung ist zunächst ruhig und tief, mit zunehmender Entspannung wird sie jedoch flacher und noch gelassener. Konzentrieren Sie sich auf dieser Stufe noch nicht allzu sehr auf die Atmung, das kommt erst später. Achten Sie lediglich darauf, dass Sie nicht zu hektisch und fahrig atmen. Der Mund ist beim Atmen geschlossen, Ein - und Ausatmung erfolgen also nur durch die Nase. Die Zähne können leicht aufeinander liegen, aber auch
ein kleines Stück auseinander sein; wichtig ist vor allem, dass die Zungenspitze leicht am Vordergaumen anliegt (nicht pressen!) und sich nicht bewegt, um keinen störenden Speichelfluss zu provozieren.

Nun beginnt die eigentliche Tiefenentspannung: Zuerst begeben Sie sich im Geiste in Ihren rechten oder linken Fuß. (Die Seitenwahl ist beliebig, doch sollten Sie stets mit derselben Seite beginnen. Wenn Sie also zunächst den linken Fuß entspannen und danach den rechten, so müssen Sie mit dem linken Unterschenkel fortfahren, bevor Sie den rechten entspannen, später dann mit dem linken Arm usw.) Richten Sie Ihre Aufmerksamkeit auf die kleine Zehe und sagen Sie im Geiste (nicht laut!): "Meine linke (bzw. rechte) kleine Zehe ist entspannt und gelöst und warm." Wiederholen Sie diese Suggestion so lange, bis sie Wirkung zeigt: eine angenehme Wärme im angesprochenen Körperteil, verbunden mit einem gewissen Gefühl der entspannten Schwere, ist das Ergebnis. Dann gehen Sie die Zehen des Fußes einzeln auf die gleiche Weise durch.

Sind Sie damit fertig, wiederholen Sie zwei Mal: "Alle Zehen meines linken(bzw. rechten) Fußes sind entspannt und gelöst und warm."

Nun tun Sie das gleiche mit dem anderen Fuß. Sind auch dessen Zehen völlig entspannt, kehren Sie zum ersten Fuß zurück und entspannen den Spann und die Fußsohle (dann wieder das gleiche mit dem anderen Fuß), Ferse und Fußknöchel, bis Sie schließlich sagen können: "Mein ganzer linker (bzw. rechter) Fuß ist entspannt und gelöst und warm." Dann folgt der andere Fuß.
Zum Schluss heißt es dann: "Meine beiden Füße sind entspannt und gelöst und warm." Auf ähnliche Weise verfahren Sie mit dem restlichen Körper, und zwar in folgender Reihenfolge:

* Unterschenkel
* Knie
* Oberschenkel
* ganzes Bein
* Finger
* Handfläche und - ballen
* Handgelenk
* ganze Hand
* Unterarm
* Ellenbogen
* Oberarm
* ganzer Arm
* Geschlechtsorgane
* Unterleib
* Bauchdecke
* Brustkorb
* Schulter
* Halsmuskeln

* ganzer Rumpf
* Unterkiefer
* Mund
* Nase
* Augenlider
* Stirnhaut
* Hinterkopf
* ganzer Kopf
* ganzer Körper

Die obige Liste mag Ihnen etwas pedantisch und überdefiniert vorkommen, doch ist es eine bedauerliche Erfahrung, dass gerade Anfänger (aber auch viele Fortgeschrittene) dazu neigen, einzelne Körperteile bei der Tiefenentspannung zu vernachlässigen, die es eigentlich ganz besonders "nötig" hätten: Vor allem Knie, Geschlechtsorgane, Unterleib, Unterkiefer, Stirnhaut und Hinterkopf kommen oft zu kurz.

Manche Menschen brauchen für die allererste Tiefenentspannung fast eine Stunde, andere schaffen es sofort, wiederum andere benötigen Wochen, bis sie das Gefühl haben, es wirklich richtig zu machen. Die Übung ist täglich mindestens einmal (am best en entweder vor dem Aufstehen oder vor dem Einschlafen) durchzuführen, die beiden ersten Male sollten Sie jedoch separat üben. Selbstverständlich können Sie die Tiefenentspannung auch mehrmals täglich durchführen, wenn Sie wollen. Wichtig ist vor allem das regelmäßige Üben.

Vermeiden Sie möglichst, während der Übung einzuschlafen, aber zwingen Sie sich andererseits nicht mit Gewalt wieder aus dem Schlaf. Mit etwas Praxis werden Sie sich an den leichten Dämmerzustand gewöhnen, der einer magischen Trance schon sehr nahe ist, weil Sie ja bei vollem Bewusstsein bleiben.
sehr bald von allein), dass Sie diese Praktik beherrschen, legen Sie den Schutz vor der Tiefenentspannung um sich. Doch bevor wir die Technik beschreiben, noch einige grundsätzliche Worte zur Klarstellung.

ÜBUNGEN ZUR MAGISCHEN PRAXIS

VORÜBERLEGUNGEN

1. ATEMSCHULUNG

2. KONZENTRATIONS- UND VISUALISIERUNGSÜBUNGEN

3. IMAGINATIONSTRAINING

VORÜBERLEGUNGEN

Nicht selten passiert es, dass der angehende Magier trotz wieder- holten Zitierens seiner doch so sorgfältig "ausgegrabenen" und studierten Ritualtexte nicht die kleinste Wirkung erzielt.

Meistens schiebt er es dann auf wahrscheinlich fehlende wichtige Textzeilen.

Doch oft liegt es daran nicht! Schon immer hat es solche Leute gegeben, die, gleich auf welche Weise, in den Besitz von Ritualtexten gelangten und, diese vor sich her plappernd, sich nun als angehende Magier betrachteten.

Hauptgrund fehlender Wirkung, zum Glück für manche, ist oft einfach eine unzureichende magische Schulung, der sich ein jeder, will er wirkliche Ergebnisse erzielen, unterziehen muß. Nun gibt es mittlerweile ein großes Angebot von Yoga-, Meditations- und Magiebüchern, die sich der Verfasser dieser Zeilen im Lauf der Zeit angeeignet hat, doch ist dies für den Leser überflüssig, den gleichen Aufwand zu treiben, zumal für unsere magische Schulung eh nur Teile daraus wichtig sind. Daher wird dem Interessierten ein "abgekochter

Sud" dieses Themenbereiches hier
gereicht. 2

1. ATEMSCHULUNG

Die gesamte rituelle Arbeit ist fast nur dann von Erfolg gekrönt, wenn

ihr einige wesentliche Elemente zugrunde liegen. Diese sind: Atem-, Konzentrations- und Visualisierungstraining. Man bemerkt an dieser

Stelle schon, wie diese Elemente verbunden sind, ineinander übergreifen.

Richtige Atmung, insbesondere geschulte Atmung, ist eine fast unbegrenzte Energiequelle. Reinigung des Organismus, Ladung mit kosmischer Energie (Prana) und die positive Wirkung auf die gesamte Psyche sind nur wenige der vielen Auswirkungen des geschulten

Atems, die bis zu den höchsten Phänomenleistungen, man denke an Berichte über tibetanische und hinduistische Mönche, gesteigert werden können.

Doch nun zur Praxis: Atemübungen kann man liegend, aufrecht sitzend oder stehend praktizieren, wobei auf entspannte Haltung und lockere Kleidung geachtet werden sollte. Wichtig ist zunächst das richtige Atmen, den so genannten Vollatem zu üben, da beim Atem des Durchschnittsmenschen die Lunge nur unzureichend mit Luft ver- sorgt wird. Die Atmung soll locker, entspannt und fließend verlaufen,

also nicht abrupt, in Stufen und mit Muskelspannung. Man atme möglichst durch die Nase ein und durch den leicht geöffneten Mund aus. Beim Einatmen fülle man die Lunge langsam von unten nach oben, also von den untersten Rippen aufsteigend bis zum Schlüsselbein, und lasse dann den Atem leicht entweichen. Nach dem Ein- und Ausatmen wird einen kleinen Moment (zunächst) in der gefüllten oder geleerten Position verharrt, allerdings ohne direktes Luftanhalten durch die Halsmuskeln.

Wichtig ist auch, dass sich der übende den Prozess des Atmens bewusst macht, bewusst atmet, mit der Vorstellung von Energieaufnahme. "Ich atme ein, mein Körper nimmt die (positive) Luft, die Kraft, auf ... ich atme aus, mein Körper lässt die verbrauchte (negative) Luft entweichen."

Hierbei spürt der Anfänger schon einen wesentlichen Unterschied zu

seinem bisherigen Atmen. Beherrscht er den Vollatem, beginnt er, die Konzentration auf den Atem über längere Zeit beizubehalten und den Bewusstseinsprozess zu vertiefen. Er beginnt nun, seine Atemzüge zu zählen, und zwar jeweils bis zehn, dann wieder mit eins beginnend. Hat man dies über einen gewissen Zeitraum geübt, kann man zur nächsten Stufe schreiten.

Um die Dauer des Atems zu bestimmen, wählt man Zeiteinheiten (ZE). Bewährt hat sich das Zählen der Herzschläge. Man beginnt die

Übung mit einem einfachen 4 - 1 4, das bedeutet, vier Herzschläge

oder Zeiteinheiten einatmen, eine ZE anhalten bzw. eingeatmet ver- harren, über einen Zeitraum von vier ZE ausatmen, eine ZE anhalten usw. Wird ein Zyklus beherrscht, kann man dies langsam auf 4 - 2 - 4, 4 - 3 - 4 oder 4 - 4 - 4 steigern.

Ist man auch darin sicher, kann man die Dauer einer Zeiteinheit erweitern mit dem Ziel des einmaligen Ein- und Ausatmens pro Minute. Das sind allerdings Idealwerte, die zwar erstrebenswert, jedoch nicht unbedingt notwendig zum Weiterschreiten in den Übungen sind.

Man versuche bei den Atemübungen auch, die Phase des Ausatmens

möglichst langsam zu halten. Beherrschen eines Zyklus, dies sei hier bemerkt, bedeutet nicht das problemlose 2-3malige Wiederholen, sondern einen Zyklus über 15 Minuten und mehr zu bewerkstelligen. Atemübungen sollten einerseits eine Mindestdauer von 10 Minuten

nicht unterschreiten, andererseits nur so lange geübt werden,
wie das der Körper unbelastet ausführen kann.

Die letztgenannte Übung jener Zyklen war eine Standardübung im "Order of the
Golden Dawn", wo man sie den "Four-Fold-Breath", den Vierfachen Atem, nannte.
Der "Golden Dawn" empfiehlt ihn als ideales Mittel zur Vorbereitung jeglicher ritueller
Arbeit, um die dazu notwendige Stufe der Ruhe, Konzentration und
desSchwingungszustands zu erreichen.

Schreiten wir nun zu der Regulierung des Atems (Pranayana). Unser Atem strömt nicht gleichmäßig durch beide Nasenöffnungen, sondern wechselt beim gesunden Menschen alle zwei Stunden, in denen der Atemfluss jeweils durch ein Nasenloch stärker, durch das andere schwächer fließt. Den rechten Nasenstrom nennt man Pingala oder Sonnenatem, den linken Ida oder Mondatem, den Zustand während des Wechsels Sushumna. Die nähere Bedeutung von Sonnen - und Mondatem ergibt sich in der Durchleuchtung ihrer Bezeichnung.

Der Übende schließt mit dem Daumen seiner rechten Hand das rechte Nasenloch und vollzieht so mit dem linken den "Vierfachen Atem" (Mondatem), und zwar fünfmal, dann schließt er mit dem kleinen und dem Ringfinger die linke Nasenöffnung und praktiziert das Gleiche nun mit dem rechten Nasenloch, also den Sonnenatem.

Eine Variante dessen übt man, indem man pro Atemzug wechselt, rechts, einmal links usw.

Der menschliche Körper atmet bekanntlich nicht nur durch die Lunge, sondern die Haut des gesamten Körpers atmet, doch ist sich dessen kaum jemand in unseren Breiten bewusst, geschweige denn übt er diese Atmung. Dabei ist es von größter Wichtigkeit, Energie nicht nur

über die Atemwege, sondern mittels des ganzen Körpers aufzunehmen, da wir so auch zum Beispiel bestimmte Körperteile mit Energie aufladen können. Man beginne damit, indem man zuerst das Körpersystem durch den Vierfachen Atem in den nötigen rhyth- mischen, fließenden und konzentrierten Zustand bringt. Zur Porenatmung ist ein gewisses Maß an Imaginationsfähigkeit notwendig. Man imaginiere, daß die Luft, bzw. Energie vom gesamten Körper ein und ausgeatmet wird. Darauf erweitert man die Übung, indem die Atmung auf bestimmte Körperpartien oder Körperteile beschränkt wird, z.B. Augen, Solar Plexus, Kopf,

Leber oder Unterleib. Diese fortgeschrittene Form übe man jedoch zunächst mit Vorsicht, führt sie doch zur Kontrolle der astralen und ätherischen

Kräfte innerhalb der Aura (was die Basis der praktischen Magie bedeutet) und der Heilungsfähigkeiten.

2. KONZENTRATIONS- UND VISUALISIERUNGSÜBUNGEN

Mit dem kontrollierten Atem hat der Suchende den ersten Schlüssel zu den Mysterien in der Hand. Denn beherrscht man seinen Atem, sind die fortgeschrittenen Atemübungen von Erfolg gekrönt, spürt man die

neue Kraft, die Macht, die sich hieraus entwickeln kann. Und mit dem geschulten Atem ist es nun möglich, direkt auf die Gedankenwelt Einfluss zu nehmen.

In seinen magischen Arbeiten muss der Magier in der Lage sein, seine gesamte Konzentrations- und Willenskraft gebündelt auf eine einzige bestimmte Sache zu richten. Das geringste Abschweifen oder Nachlassen der Konzentration kann bei gewissen Ritualen schlimme Folgen haben, daher ist die Beherrschung der Gedanken notwendige Voraussetzung für sein Tun. Wie einfach gesagt - wie schwerlich erreicht! Doch soll der Suchende sich nicht abschrecken lassen, sei der Pfad auch noch so steil. Schon zu Beginn wird der Übende merken, dass Gedanken schwerer als ein Sack Flöhe zu hüten sind;

hier unterdrückt, kommen sie dort wieder auf! Doch durch
eifriges Arbeiten wird er auch dies schaffen!

Um ein magisches Gedankenbild aufzubauen, muss zunächst die wichtigste Grundlage geschaffen werden. Und was ist notwendig, um ein neues Bild zu schaffen? Ein leeres Blatt! Wir müssen lernen, gedanklich zum Nichts zu gelangen, denn aus NICHTS wird ALLES. Um 1, 2, 3 usw. aufzustellen, bedarf es erst der Null. Und dieser Punkt muss zuerst erreicht werden. Vor jeder Übung vollziehe man, nachdem man sich in eine ruhige, harmonische Stimmung eingeschwungen hat, eine Zeitlang den Vierfachen Atem, bis der

konzentrierte Atem gleichmäßig und harmonisch fließt. Die folgenden Übungen werden, soweit nicht anders vermerkt, mit geschlossenen Augen vollzogen, um die Gedanken nicht durch Sichtbares noch

mehr abzulenken.

Außerdem sei jedem Übenden nahe gelegt, ein "Magisches Tagebuch" zu führen, in dem alle Übungen mit den Wirkungen festgehalten werden, um so den Stoff zu verinnerlichen, einen besseren Überblick zu bewahren und natürlich auch, um sich später an den erreichten Erfolgen erfreuen zu können. Die folgenden Übungen sind

bewusst "einfach" gehalten, doch unterschätze der Übende nie die Kraft 'der "einfachen Dinge".

1. ÜBUNG:

In meditativer Versenkung beobachte der Übende seine Gedanken (z.B. wie vom anderen Ufer eines Flusses). Er greife keinen einzigen auf, sondern lasse sie vollkommen unbeteiligt fließen.

2.ÜBUNG:

Der Übende möge sich seine Gedankenflut als Oberfläche eines Gewässers vorstellen.

Durch Harmonie möge er seine Gedanken zur Ruhe bringen, indem er seine Vorstellung

fort setzt zu einem klaren, ruhigen Gebirgssee, in dem sich das Mondlicht spiegelt.

(Das auf der Oberfläche reflektierende und das direkte Mondlicht möge er dankbar

in sich aufnehmen.)

3. ÜBUNG:

Erreichen der "Dreifachen Null"

Der Übende soll sich innerhalb der Übung lösen
von Zeit, Raum und Geschehen.

In meditativer Versenkung suggeriere er sich:

"Die Zeit hört auf zu existieren ... Zeit verschwindet ... es ist 'Null-

Zeit'!" Verweile dort, indem Du bewußt spürst, es ist "Null-Zeit"

Dann:

»"Raum hört auf zu existieren ... Raum verschwindet ... es ist 'Null-Raum'!"

Spüre "Null-Zeit-Raum"! Ebenso verfahre mit
dem. "Geschehen"! Verweile nun in diesem
Zustand und verinnerliche ihn. Du befindest Dich,
bildlich gesehen, in einer Art Kapsel oder Hülle,
die nun losgelöst ist von der Umwelt, von Zeit,
Raum und Geschehen. Verweile in diesem
Zustand zunächst nur für kurze Zeit; lerne ihn
kennen, erfühle ihn.

Beende die Übung jeweils mit dem Selbstbefehl:

"Zeit wird wieder existent ... es ist 'Zeit' (z.B. Nachmittag) ...

Raum wird existent ... ich befinde mich (z.B.)
in meinem Arbeitszimmer ... ich werde
wieder eins mit meiner Umgebung, ich
nehme wieder

Anteil an dem 'weltlichen' Leben!"

Nun dehne den Zeitraum des Dreifachen Nullstadiums
allmählich aus, soweit es Deine Übung zulässt.

Während der Übung aufsteigende bzw. empfundene Erscheinungen

lasse man in diesem Stadium noch unbeachtet und messe ihnen keinen großen Wert
bei. Aus eigener Erfahrung sei an dieser Stelle darauf hingewiesen, sich über längere
Zeit mit der jeweiligen Übung zu befassen, bevor man zur nächsten schreitet, auch
wenn ein gewisses Jucken dazu vorhanden sein mag, das gesamte Programm

an einem Nachmittag durchzuziehen. Und das wäre mit
Sicherheit ein verlorener Nachmittag, an dem lediglich das
Unterbewusstsein

einen kuriosen, unverständlichen Lichtbildervortrag halten dürfte. Unser Ziel aber, eine gewisse magische Reife zu entwickeln, erfordert beharrliches, stufenweises Aufsteigen in diese Sphären.

Ist es ein leichtes, meditativ den DreifMan entdeckt hier
Parallelen zum Autogenen Training. Besonders die Oberstufe
des A.T. enthält

der magischen Schulung ähnelnde Elemente, ähnlich auch den fol- genden Übungen.

Ist es ein leichtes, meditativ den Dreifachen Nullpunkt zu erreichen und zu halten, ist es an der Zeit, mit dem Visualisierungstraining zu beginnen.

Dem Aufmerksamen wird es schon aufgefallen sein: Eigentlich enthalten die vorangegangenen Übungen ja schon gewisse Visualelemente.

In gewissem Sinne ja, doch wurden diese Vorstellungen bisher nur als Mittel zum Erreichen bestimmter Zustände benutzt. Nun geht es jedoch um das bewusste, mentale Sichtbarmachen, das Projizieren erster Elemente auf das gerade erworbene "leere Blatt". Ziel der folgenden Übungen ist es, eine Farbe, Form, einen Gegenstand, Körper

in Bewegung, so mental sichtbar zu machen, dass sie, ohne zu flackern, größer oder kleiner zu werden, klar und deutlich zu sehen sind, sich später sogar frei nach Willen in jede beliebige Position und Perspektive drehen lassen.

1. ÜBUNG:

Nachdem der Übende es sich an einem stillen Platz bequem gemacht und mittels des "Vierfachen Atems" die nötige Konzentrationstiefe erreicht hat, sich

frei gemacht hat von äußeren Einflüssen durch den "Dreifachen Nullpunkt" beginne er mit der Visualisierung einfacher Symbole, nämlich:

Eine unendliche Senkrechte. - Pause. Eine unendliche Waagrechte. - Pause. Ein Kreis mittlerer Größe.

Ein Kreuz. - Pause.

Ein aufrechtes gleichschenkliges Dreieck. - Pause. Ein Quadrat. - Ende.

Die Länge der Pause variiert je nach Veranlagung zwischen fünf Minuten und mehreren Tagen.

2. ÜBUNG

Unter obigen Bedingungen visualisiere die Folge Dreieck - Quadrat - Kreis - und zurück, so dass sich eins in das andere verwandelt diese Folge tendiert dazu, sich ab und an selbständig zu verwandeln, d.h. die bewusste Visualisierung wird zur unbewussten (Träumerei).

Für alle Visualisierungsübungen gilt: Treten erste Ermüdungserscheinungen auf, breche man die Übung ab und beginne erst wieder damit, wenn Körper und Geist dazu bereit sind.

3. ÜBUNG:

Man schreite fort, indem nun eine Farbfläche, möglichst groß, visualisiert wird.

Reihenfolge der Farben: Gelb - violett - rot - grün - blau - orange. Es empfiehlt sich, pro Tag nur eine Farbe zu üben, dafür aber häufiger!

4. ÜBUNG:

Fallen die bisher getanen Schritte leicht, nehmen wir die Formen von Übung 2 und die Farben von Übung 3. Visualisiere nun verschiedene farbige Flächen,

die sich hieraus ermöglichen!

a) Zunächst lege man das Schwergewicht auf das Behalten des gleichen Farbtons der gewählten Figur.

b) Ziel der gesamten Übung ist es, über einen gewissen Zeitraum Farbe,
Form und Größe konstant zu visualisieren.

Inzwischen wird der Übende bemerkt haben, dass gewisse Farben

und Formen leichter fallen, andere schwerer. An manchen Tagen geht es gut, an anderen will sich kein Erfolg einstellen. Doch lasse man sich davon nicht beirren, vermeide jedoch jeden Zwang. Hierbei, wie auch in anderen Dingen, stellt sich der Erfolg nur durch beständiges Üben und Erkennen ein.

5. ÜBUNG

Macht das Visualisieren farbiger Flächen keine nennenswerte Schwierigkeiten mehr, beginnt man mit dreidimensionalen. Körpern:

Würfel - Kugel – Zylinder.

6. ÜBUNG

Setze nun die Körper in Bewegung,
lasse sie kreisen, schwingen, senken,
sich heben. Gelingt dies, übe man sich
an mehreren Körpern, die miteinander
in Bewegung stehen, z.B. ein Mobile,
Windmühlen,

eine Pendeluhr.

Der Übende achte jedoch beständig darauf, dass nur auf seinen Willen hin
Veränderungen und Bewegungen entstehen. Die anfänglichen spontanen und
schwer zu zähmenden Visualwechsel zeigen deutlich, wie schwer wirkliche
Gedankenkontrolle ist.

7. ÜBUNG

Der Übende möge einen ihm bekannten

Ort oder Platz visualisieren. Er bemühe
sich, jedes Detail erkennen zu können.

Alsdann fahre man langsam visuell um
den Platz herum, ihn aus allen
Blickwinkeln

betrachtend, zuletzt auch aus der Vogelperspektive.

Spätestens an dieser Stelle des Fortschritts sollte der Übende
spüren und erkennen, wohin solches Training führt, welche
Fähigkeiten hier- bei entwickelt werden können.

3. IMAGINATIONSTRAINING

Imagination und Visualisation sind zwei eng verwandte
Kreationsformen, die oft und gern verwechselt oder in einen
Topf geworfen werden, selbst von bekannten Autoren
solcher Literatur.

Bei der Imagination liegt der Schwerpunkt im bewussten Empfinden. Etwas wird
imaginiert und, ob mental sichtbar (umso besser!) oder nicht, es soll sich dominant
ein direktes Empfinden, Spüren einfinden, und das so intensiv wie nur irgend
möglich! Der Unterschied wird, wenn auch etwas drastisch, erkennbar in folgendem
Vergleich: Der Übende a.) visualisiert sich der Sonne entgegen- und hineinfließend,

oder aber b) er imaginiert dieses. Letzteres würde sicher, bei wirklicher
Imagination, im wahrsten Sinne des Wortes eine heiße Sache!

Wohl aber gibt es in der magischen Praxis die Möglichkeit der Visualisierung, die
gleichzeitig imaginiert werden soll, die visuelle Imagination. Oft geht der Imagination
auch eine Visualisierung vorweg, wie z.B. in der folgenden Übung "Imagination der
Elemente".

Es sei noch einmal betont, Imagination bedeutet höchstmögliches Empfinden,
Wahrnehmen, sie sucht die sinnliche Wahrnehmung. Aufgrund der vorangegangenen
Übungen ist es nicht mehr notwendig, auf möglichst einfache Imaginationen
zurückzugreifen, deshalb werden dem Übenden schon umfassendere Exerzitien
dargestellt.

Die Vorbereitung zur Imagination entspricht selbstverständlich der zur
Visualisierung empfohlenen!

ÜBUNG: "Imagination der Elemente"

a) Visualisiere, barfuss auf einer Wiese zu stehen. Imaginiere, welche Energie in der Erde ruht. Setze die Imagination fort, indem ein Aufströmen dieser Energie durch die Fußsohlen empfunden wird, den Körper erfüllt und ihn stärkt.
Umso öfter eine bestimmte Imago geübt wird, desto intensiver das Empfinden, umso deutlicher die Wahrnehmung!

b) Der Übende visualisiere sich fliegend.
Er imaginiere intensiv den Kontakt mit dem
Element Luft. Er spüre den ihn
umströmenden Wind, die Frische und
Kühle auf seiner Haut.

Wichtiger als Nachempfinden ist eigenes Entdecken, Erleben!

c) Der Übende visualisiere sich vor einem
großen Lagerfeuer stehend.
Imaginativ empfinde, empfange er die vom Feuer

ausgehende Wärme. Er spüre beim Näher herangehen auch die brennende,
zerstörende Kraft des Feuers (jedenfalls materiell).

d) Visuell stehe der Übende am Rande eines
Baches. Imagination: Er höre das Rauschen, Plätschern. Er lege seine Hände ins
Wasser, es ist klar und rein. Er spüre, wie das Wasser fließt, strömt und reinigt.

Bei allen Übungen werden sich, um so öfter und intensiver
wieder- holt, weit mehr Empfindungen und anderes ergeben,
doch wurden hier nur die einfachsten Übungen erwähnt, um a)
dem Übenden nicht

den Genus des Selbstfindens zu nehmen, b) weil er diese Dinge selbst erfahren muss.

Reinigung und Körperpflege

In der Sexualmagie spielt Sinnlichkeit nach Meinung meiner Autoren eine große Rolle. In vielen Abhandlungen über Sexual Magie wird darüber aber nur wenig oder gar nicht berichtet. Aber mit seinem eigenen Körper im Einklang zu sein ist eine Grundvoraussetzung für sexual magische Handlungen.

In den letzten beiden Kapiteln haben Sie die Körperentspannung und das richtige Atmen kennen gelernt. Auch wenn Sie keine Magierin oder kein Magier sind können Sie diese Techniken anwenden um in Einklang mit Ihrem Selbst zu kommen. Gerade in unserer schnelllebigen Zeit ist es wichtig sich Freiräume für Ruhe und Besinnlichkeit zu schaffen.

Zur Sinnlichkeit des eigenen Körpers gehört die Pflege und Reinigung. Genau wie die Körperentspannung und das richtige Atmen sollte die Körperpflege als Ritual einen festen Platz in Ihrem magischen oder auch nicht magischen Leben haben.

Die innere Reinigung können Sie durch die Körperentspannung und Atmung erzielen. Für die äußere Reinigung sollten Sie duftende Substanzen verwenden. Das können aromatische Duschlotionen, Öle und Parfums sein. Gehen Sie aber sparsam damit um damit der Eigengeruch der Haut erhalten bleibt.

Selbstverständlich können Sie Ihre Badeöle auch selber herstellen. Das hat den großen Vorteil dass Sie aus der Herstellung wiederum ein Ritual machen können.

Nehmen Sie 50 ml Avocado-, Madel oder Jojoba ÖL. Damit das Öl nicht auf dem Wasser schwimmt, brauchen Sie noch einen guten Emulator.

Geben Sie 250 ml Sahne oder Vollmilch in ein Gefäß und geben Sie drei Esslöffel der Ölmischung hinzu. Mischen Sie die Zutaten gut durch und geben Sie die Emulsion dem Badewasser bei. Falls Sie ein Schaumbad bevorzugen, können Sie als Emulator auch ein geruchsneutrales Shampoo verwenden.

Lagune

7 Tropfen Sandelholz
7 Tropfen Patchouli
3 Tropfen Bergamotte und 3
Tropfen Geranium

Venus

10 Tropfen Yling Ylang 4
Tropfen Sandelholz
4 Tropfen Muskatellersalbei 1
Tropfen Jasmin und
1 Tropfen Hyazinthe

Inselzauber

10 Tropfen Rosenholz
6 Tropfen Speik
2 Tropfen Rose
1 Tropfen Neroli
1 Tropfen Jasmin

Liebeswoge

10 Tropfen Rosenholz
5 Tropfen Geranium
3 Tropfen Palmarosa und 2
Tropfen Jasmin

Wildwasser

7 Tropfen Sandelholz 7
Tropfen Yling Ylang 2
Tropfen Rose
2 Tropfen Neroli und 2
Tropfen Vetiver

Wellen

6 Tropfen Muskatellersalbei 6
Tropfen Yling Ylang
4 Tropfen Bergamotte 3
Tropfen Jasmin und 1
Tropfen Koriander

Südsee

7 Tropfen Cananga
3 Tropfen Limette
3 Tropfen Kardamom
3 Tropfen Muskatellersalbei
2 Tropfen Piment
2 Tropfen Patchouli

Südseewind

5 Tropfen Geranium
5 Tropfen Sandelholz
5 Tropfen Bergamotte
2 Tropfen Koriander
2 Tropfen Kardamom
1 Tropfen Pfeffer

Inseltraum

10 Tropfen Yling Ylang 4
Tropfen Rosenholz
4 Tropfen Lavandin
2 Tropfen Jasmin

Berauschendes Wasser

8 Tropfen Yling Ylang 3
Tropfen Bergamotte
3 Tropfen Sandelholz 2
Tropfen Jasmin und 2
Tropfen Vanille

Zaubersee

10 Tropfen Sandelholz
3 Tropfen Kardamom
3 Tropfen Patchouli
3 Tropfen Vetiver und 1
Tropfen Tinkabohne

Hygiene und Sauberkeit sind in der Sexual Magie eine absolute Vorrausetzung und dazu gehört selbstverständlich auch die Intimpflege. Aber bitte übertreiben Sie es nicht mit der Sauberkeit. Aggressive Seifen belasten den Säureschutzmantel der Haut. Vor allem für den Intimbereich sollten Sie pH neutrale Waschlotionen verwenden. Beziehen Sie in die Reinigung Ihren Anus mit ein. Für den Mann sollte es selbstverständlich sein die Vorhaut des Penis zurück zu ziehen.

Sanft reinigen lässt sich Ihr Intimbereich durch eine Mischung aus einer Tasse Naturjoghurt und einen Teelöffel Apfelessig. Beim Duschen tragen Sie die Mischung auf, lassen die Mischung kurz einwirken und spülen sie mit warmem Wasser gründlich ab.

Magische Rituale sollten nur nach der inneren und äußeren Reinigung vollzogen werden. Vollziehen Sie Ihre Rituale nur im gereinigten Zustand, ohne Schweißgeruch, ohne belastende Gedanken, Streit oder Konflikte und ohne Bekleidung.

Es versteht sich von selbst dass Sie das alles auch mit Ihrem Partner zusammen machen können. Das gegenseitige waschen auch ohne magischen Hintergrund bringt Entspannung und Wohlbefinden pur.

Beckenstärkung 1

(Für männliche und weibliche Sexualmagier)

Es bedarf wohl keiner weiteren Erläuterung, weshalb dem Beckenbereich in der Sexualmagie (wie auch in der Sexualität überhaupt) eine besondere Bedeutung zukommt. Wie der Tao Yoga, der Tantra und der Kundalini Yoga gehen auch wir davon aus, daß die Sexualmagie im Steißbereich (Wurzelchakra) schlummert. Was das Gebiet der Körperübungen angeht, so sind uns die östlichen Kulturen, das muss neidlos anerkannt werden, um ganze Jahrtausende voraus, und so wollen wir uns auch ihr Wissen zunutze machen.

Sie beginnen die Übung in sitzender Stellung, der Rücken soll gerade, aber nicht verspannt sein. Wie jede Asana sollte auch diese nach Patanjalis Forderung "fest und bequem" sein. Später, wenn Sie diese Übung gemeistert haben, können und sollten Sie sie in jeder beliebigen Körperhaltung durchführen, auch wenn Sie in Bewegung sind, also etwa beim Gehen oder Treppensteigen usw.
Atmen Sie tief und ruhig ein. Achten Sie dabei vor allem auf eine gründliche Bauchatmung. Generell wird die Bauchatmung besonders von Frauen stark vernachlässigt, dafür hapert es bei Männern in der Regel mit der Brustatmung. Eine gründlichere Beschreibung der korrekten Atemtechnik finden Sie weiter unten. Für den Anfang genügt es, wenn Sie tief und langsam atmen, ohne sich jedoch dabei anzustrengen und auch ohne auf einen bestimmten Rhythm us zu achten.

Nach etwa zehn Atemzügen ziehen Sie nun jedesmal beim Einatmen den Damm (Perineum) ein. Das ist der Punkt, der zwischen Ihren Ausscheidungsorganen liegt. Sie können den Vorgang dadurch unterstützen, daß Sie sich vorstellen, wie die Haut des Damms gegen die Mündung der Wirbelsäule drückt. Beim Ausatmen lösen Sie den Damm wieder. Dies vollführen Sie ca. 6 Mal, danach gehen Sie wieder zur gewöhnlichen Tiefatmung ohne Dammeinzug über. Nach ca. 10 Atemzügen wiederholen Sie die ganze Übung aufs Neue. 10 Atemzüge ohne - 6 Atemzüge mit Dammeinzug - 10 Atemzüge
ohne, ist ein Zyklus. Wiederholen Sie diesen Zyklus insgesamt drei Mal.
Die Zahl der Atemzüge und der Muskelkontraktion im Dammbereich sind nur Ungefährwerte. Achten Sie darauf sich vor allem am Anfang nicht zu überanstrengen.

Sollten Sie beispielsweise feststellen, daß Ihre Dammuskulatur schon nach viermaliger Kontraktion erschlafft oder gar schmerzt, entspannen Sie sich durch die reine Atmung ohne Dammeinzug und brechen die Übung ab. Das kann vor allem bei älteren Menschen häufig vorkommen. In diesem Fall ist zu empfehlen, die Übung in verkürzter Form
möglichst 6 bis 8 Mal täglich durchzuführen und die Leistung im Laufe der Wochen und Monate graduell zu steigern. Ansonsten genügt es in der Regel, die Übung etwa 3 Mal täglich zu praktizieren.

Warnung: Wenden Sie bei allen unseren Übungen keine Gewalt an! Überfordern Sie sich nicht, es geht schließlich nicht um Leistungssport! Es ist besser und wirkungsvoller, die Dauer einzelner Übungen zu halbieren und sie dafür doppelt so häufig durchzuführen wie angegeben, als sich durch einen Trainingsplan zu quälen, der durch Übertreibung
womöglich noch zu körperlichen Schäden führt.
Wenn Sie die Übungen hinreichend beherrschen, können Sie sie auch im Alltag ganz unauffällig anwenden. Dazu brauchen Sie dann nicht unbedingt eine längere Phase des Ruhigatmens einzubauen, Sie können den Damm auch ohne Vorbereitung beim Einatmen langsam möglichst hoch einziehen und beim Ausatmen wieder lösen. Allerdings eignet
sich die Übung Beckenstärkung 2, die weiter unten folgt, weitaus besser für den unauffälligen Einsatz im Alltag. Sie werden möglicherweise feststellen, daß diese Übung, wenn sie regelmäßig praktiziert
wird, Ihre ganze Körperhaltung verbessert: Plötzlich bekommen Sie einen viel aufrechteren Gang, Haltungsschäden werden ausgeglichen oder zumindest gelindert,

Becken - und Unterleibsmuskulatur werden gekräftigt, bei Männern werden Prostatabeschwerden gemildert, Frauen erfahren eine Kräftigung der Gebärmutter und die feinstofflichen Energien strömen freier im Körper. Auch Ihre sexuelle Spannkraft wird dadurch erheblich gesteigert. Und dabei sind wir mit unserem Übungsprogramm erst am

Atmung 1

Der Atmung kommt bei der Sexualmagie, wie im Yoga auch, ein ganz besonderes Gewicht zu. Sollten Sie bereits den korrekten Yoga - Atem beherrschen, können Sie diese Übung übergehen. Wir können hier leider nicht das ganze komplizierte Gebiet des Pranayama abhandeln, es genüge die Feststellung, daß unsere Atmung einerseits unseren Gemützustand verrät, daß dieser Gemützustand aber andererseits auch durch die Atmung beeinflusst werden kann. Und, was das Wichtigste ist: Mit Hilfe der Atmung kanalisieren und lenken wir die feinstofflichen Energien im Körper. Das Atmen ist unser Kontakt zur Außenwelt Nummer eins. Er ist noch wichtiger als die Nahrungs - und Flüssigkeitsaufnahme, und am Funktionieren der Atmung (die ja mit dem Herzschlag ursächlich zusammenhängt) stellen wir auch fest, ob ein Mensch lebendig oder tot ist.

Im Allgemeinen atmet der durchschnittliche westliche Mensch viel zu flach und kurz. Dadurch werden die Lungen nicht richtig entlüftet, die Sauerstoffzufuhr ist behindert - und nicht selten sind Angst und Depression die Folge. Das griechische Wort "Psyche", das wir auch mit Seele übersetzen, bedeutet soviel wie "Wind" oder "Atem" (Odem), und so wird schon etymologisch klar, daß Atmung und seelisches Wohlbefinden eng zusammenhängen.

Es ist am Anfang sinnvoller, sich auf die Tiefatmung zu konzentrieren, als auf irgendwelche exotischen und die Organe belastenden Rhythmen. Diese haben zwar durchaus ihren Wert, und die Yoga - Lehre kennt zahllose verschiedene entsprechende Atemtechniken, doch ist dies eher etwas für Fortgeschrittene.

Unsere erste Übung zielt
daher zunächst darauf ab, den vollständigen so genannten "Yoga - Atem" zu trainieren, bevor wir später auf die Feinheiten der Atemlehre eingehen.

Erste Phase

Üben Sie die ersten Male aufrecht stehend. Die Füße stehen etwa schulterbreit auseinander, die Arme hängen entspannt an der Seite. Wenn Sie die Übung unbekleidet vor einem großen Spiegel durchführen können, um so besser, dann können Sie die einzelnen Phasen nämlich auch optisch verfolgen und etwaige Fehler leichter korrigieren. Atmen Sie eine Weile völlig normal, oh ne die Atmung irgendwie zu beeinflussen. Der Mund ist dabei geschlossen, es wird also nur durch die Nase geatmet (auch bei Schnupfen!).

Zweite Phase

Nun legen Sie beide Hände übereinander auf den Unterleib unmittelbar unter dem Bauchnabel. Versuchen Sie nun, beim Einatmen gegen ihre Hände zu pressen, doch ohne Gewalt! Achten Sie nur darauf, daß die eingeatmete Luft den Unterbauch soweit bläht, daß die Hände leicht gepresst werden. Blähen Sie den Bauch dabei aber nicht durch bewusste Muskelbewegung auf, die Bewegung muss durch den Atem zustande kommen und durch den Atem allein! Beim Ausatmen pressen Sie leicht mit den Händen gegen den Unterleib und versuchen, möglichst die ganze Atemluft entweichen zu lassen.

Ein Zyklus dauert fünf vollständige Atemzüge. Führen Sie mindestens vier Zyklen hintereinander durch, wobei Sie zwischen zwei Zyklen eine kurze Pause von 3 bis 4 Atemzügen einlegen können.

In der Regel haben Frauen mit dieser Art der Atmung größere Schwierigkeiten als Männer, weil sie zu einer verstärkten Brustatmung neigen. Deshalb sei den weiblichen Lesern geraten, bei Bedarf die Zweite Phase dieser Übung zu verlängern.

Dritte Phase

Nun legen Sie beide Hände übereinander auf die Brust. Sie verfahren genauso wie bei der Zweiten Phase, nur daß Sie diesmal hauptsächlich Brustatmung betreiben. Vermeiden Sie dabei nach Möglichkeit jede Bewegung der Unterleibsmuskulatur! In der Regel haben Männer mit dieser Art der Atmung größere Schwierigkeiten als Frauen, weil sie zu einer verstärkten Bauchatmung neigen. Deshalb sei den männlichen Lesern geraten, bei Bedarf die Dritte Phase dieser Übung zu verlängern.

Vierte Phase

Jetzt folgt die vorletzte Stufe der eigentlichen Tiefenatmung, die ja das Endziel dieser Übung ist. Immer noch aufrecht stehend, atmen Sie zunächst in den Unterleib. Ist dieser prall (aber nicht schmerzhaft!) gefüllt, leiten Sie die weitere Luft nach oben in den Brustbereich. Nun werden Sie feststellen, daß unten im Unterleib doch noch (bzw. wieder) "Platz frei" ist; auch diesen füllen Sie noch mit frischer Atemluft, um schließlich den allerletzten Luftrest in den Brustbereich zu führen.

All dies geschieht mit einem einzigen Einatmen. Beim Ausatmen verfahren Sie ganz ähnlich, doch in umgekehrter Reihenfolge:
zuerst pressen Sie etwas Luft aus dem Brustbereich, dann aus dem Unterleib, schließlich wieder aus dem Brustbereich und zum Schluß den letzten Rest verbrauchter Luft wieder aus dem Unterleib, den Sie dabei so weit einziehen, wie es geht, ohne daß es schmerzt.

(Stellen Sie sich vor, Sie wollten den Bereich von der Gürtellinie bis zum Rippenbogen nach hinten an die Wirbelsäule drücken.)
Zur Veranschaulichung beide Phasen noch einmal in Stichworten:

Einatmen: Unterleib - Brust - Unterleib - Brust

Ausatmen: Brust - Unterleib - Brust - Unterleib

Ein Zyklus besteht aus sechs vollen Atemzügen. Üben Sie mit mindestens vier Zyklen, wobei Sie zwischen jedem Zyklus eine kurze Pause von 3 bis 4 Atemzügen machen können. Auf diese Pausen können Sie jedoch verzichten, sobald Sie diese Art der Atmung nicht mehr anstrengt, was relativ bald der Fall sein wird, sofern Sie über gesunde Atmungsorgane verfügen. Das eigentlich Schwierige an dieser Übung besteht lediglich darin, daß sie am Anfang etwas ungewohnt ist.

Es handelt sich bei dieser Atmung also um eine raupenartige We llenbewegung, die eine gründliche Beatmung des Organismus gewährleistet. Optimiert wird diese freilich erst durch die Fünfte Phase, welche die letzte Stufe dieser Übung darstellt.

Fünfte Phase

Diese Phase ist mit der Vierten Phase identisch, bis auf einen einzigen Unterschied: Beim Einatmen wird nun wieder, wie schon bei der vorangegangenen Übung Beckenstärkung , der Damm eingezogen und beim Ausatmen wieder gelockert. Hier gilt auch dieselbe Zyklenangabe wie für die Vierte Phase. Es gibt eine weitere, zweite Variante des Yoga - Atems, die Sie allerdings in der Fachliteratur meistens vergeblich suchen werden.

Dabei wird in der Einatmungsphase nicht die Dammmuskulatur kontrahiert, sondern die Unterleibsmuskeln werden leicht angespannt. Das erscheint zunächst paradox, weil doch in den Unterleib hineingeatmet werden soll. Sie werden aber bei einem Versuch schnell feststellen, daß dies automatisch ein leichtes Zusammenziehen des Damms zur Folge hat und die Atemkapazität steigert. Meiner Erfahrung nach ist die erste Variante der zweiten vorzuziehen, doch kann letztere für Menschen sinnvoller sein, die unter Prostatabeschwerden, an einer Erschlaffung der Scheiden - oder Unterleibsmuskulatur oder an einem Leistenbruch leiden.

Auf die Dauer führt diese Übung nicht nur zu einer besseren Beatmung und Vitalisierung des Organismus, sie tonisiert auch bei Männern wie Frauen eine schlaff gewordene Unterleibsmuskulatur und wirkt sich heilsam auf eventuelle Potenz oder Orgasmusschwierigkeiten aus.

Voraussetzung ist dafür allerdings, daß es nicht bei einem einmaligen täglichen Üben bleibt. Vielmehr muss die hier geschilderte Atemweise zum Normalfall werden, zu einem Reflex. Haben Sie vorher vielleicht kurz, flach und stakkato artig geatmet, so müssen Sie nun dazu übergehen, diese Tiefenatmung als Regel zu entwickeln, und das geschieht nur durch ständige Praxis und Aufmerksamkeit. Dies mag zunächst wie eine kaum erfüllbare Forderung erscheinen, doch zeigt die Erfahrung, daß das genaue Gegenteil der Fall ist:

Gerade weil die Tiefenatmung eigentlich die natürliche Atmungsweise ist und dem Gesamtorganismus (also auch der Psyche) so gut bekommt, gewöhnt sich der Körper sehr schnell daran und macht sie sich gern zueigen. Das kann wenige Tage dauern, im Höchstfall einige Wochen, doch wenn Sie es einmal erreicht haben, werden Sie sich wundern, daß Sie überhaupt jemals anders haben atmen können!

Erstaunlich sind auch die seelischen Auswirkungen dieser Tiefenatmung: Ruhe, Gelassenheit, gesteigertes Konzentrationsvermögen und eine größere Vitali tät, die auch auf andere Menschen abfärbt und sie anzieht, sind häufig die Folge.
Wie ein ruhender Pol werden Sie sich auch im Trubel des Alltags, ja selbst in Katastrophen durch ihre Tiefenatmung über die Ereignisse stellen und sie dadurch mit der nötigen Distanz sachlich und effektiv meistern. Natürlich ist es mit einer reinen Atemtechnik allein nicht getan, um alle Probleme des Lebens zu meistern, aber es ist dennoch verblüffend, wie wenig es oft bedarf, um die ganze Wirklichkeit in einem gänzlich anderen Licht erscheinen zu lassen.

Beckenstärkung 2

Streng genommen dient diese Übung nicht allein zur Kräftigung des Beckens, sie weckt vielmehr auch die Sexualmagie und macht sie für den Magier handhabbar. Sie hat darüber hinaus auch noch den Vorteil, daß sie jederzeit und überall völlig unbemerkt durchgeführt werden kann und keinerlei Zeitopfer verlangt. Mehrmals am Tag ziehen Sie in rascher Reihenfolge 5 oder 6 Mal den Damm ein. Sie sollten die Kontraktionen so schnell wie möglich hintereinander durchführen, um sich danach völlig zu entspannen und die Übung frühestens nach einer Viertelstunde zu wiederholen. Dies können Sie im Stehen, Sitzen oder Liegen, ja selbst im Gehen oder Laufen. Ob Sie im Bus sitzen oder sich auf einem hochoffiziellen Empfang befinden: Niemand wird bemerken, daß Sie üben, selbst wenn Sie sich dabei mit ihm unterhalten sollten.

Dies sollten Sie mindestens ein Jahr lang täglich mehrmals (je öfter, um so wirkungsvoller) tun. Nach einigen Tagen wird es Ihnen schon völlig in Fleisch und Blut übergegangen sein, und Sie werden ganz instinktiv diese Dammkontraktionen durchführen, ohne sich selbst noch daran erinnern zu müssen.

Oft ziehen Menschen in Augenblicken großer Gefahr oder entsetzlicher Angst die Dammmuskeln ein. Das ist ein natürlicher Schutzmechanismus, der sehr sinnvoll ist: Abgesehen von der biochemischen Drüsenaktivierung und anderen neurophysiologischen Effekten hat diese Stellung des Damms den großen Vorteil, den Menschen in seine Mitte zurückzubringen, sofern er entsprechend achtsam ist. Wenn Sie sich in Gefahr befinden oder unter Furcht leiden sollten, können Sie ganz bewusst den Damm einziehen und selbst beobachten, wie beruhigend oder, besser, klärend" sich dies auf ihren Bewusstseinszustand auswirkt. In Verbindung mit unseren anderen Techniken praktiziert, wird dies häufig genügen, um die Probleme sofort zu lösen oder sie zumindest auf eine handlichere Größe zurechtstutzen.

Atmung 2

Diese Übung ist ein Beispiel dafür, daß wir möglichst viele Techniken miteinander zu verbinden versuchen, um den Übungsaufwand so weit zu minimieren, wie es nur geht. Deshalb wird diese Übung auch später noch weiter ergänzt und durch zusätzliche Elemente bereichert. In der hier vorgestellten Form kennt man sie auch im Hatha Yoga unter der Bezeichnung "Blasebalg".
Sie verbindet ihre Becken - und Unterleibsstärkende Funktion mit einer gründlichen Beatmung des Organismus und, bei längerer und
kräftigere Anwendung, einer sehr trancefördernden Hyperventilation des Gehirns,

lenkt die Magis stoß - und schubweise, was speziell für die Kampfmagie von großer Wichtigkeit ist aber auch in der Sexualmagie eine Rolle spielt, und verschafft eine große Klarsicht.

Im Grunde verbinden Sie lediglich die beiden Übungen Beckenstärkung 2 und Atmung 2 miteinander: Während Sie schnell und heftig einatmen, spannen Sie den Damm an wie beschrieben, um ihn bei jedem ebenso schnellen und heftigen Ausatmen wieder zu lockern. Stellen Sie sich vor, in Ihrem Damm befände sich eine dem Herzen ähnliche Energiepumpe (tatsächlich nennt der Tao Yoga diesen Punkt dicht oberhalb des Damms die "Steißbeinpumpe).

Überanstrengen Sie sich dabei nicht, gerade am Anfang kostet
diese Übung einige Kräfte, später kehrt sich das Ganze jedoch um und die Übung
wird als belebend und kräftigend erfahren. Gehen Sie sorgfältig vor, damit Ein -
/Ausatmen und Anspannen/Lockern auch wirklich synchron zueinander stattfinden.
Führen Sie diese Übung am Anfang nicht öfter als höchstens drei Mal am Tag durch,
und lassen Sie hinreichende Pausen zwischen jedem Zyklus von ca. 5 - 10 Minuten,
die mindestens
doppelt so lang sein müssen wie der Zyklus selbst.

Warnung: Menschen mit Herzproblemen oder geschädigten Atemorganen sollten
diese Übung entweder nur mit äußerster Vorsicht (am besten unter ärztlicher oder
naturkundlicher Aufsicht) angehen, oder im Zweifelsfall ganz darauf verzichten,
wie überhaupt auf alle Übungen, welche Kreislauf und Atemzyklus zu sehr
belasten.

Überhaupt muss noch einmal eindringlich darauf hingewiesen werden, daß Sie die
Übungen niemals übertreiben sollen! Achten und beachten Sie vor allem etwaige
Schmerzen, die bei einer übereifrigen oder allzu ausgedehnten Durchführung der
Übungen auftreten sollten, als Signal, die Übung abzubrechen und erst nach einer
gründlichen Pause wieder anzugehen, diesmal vorsichtiger und sorgfältiger. Leider
kann ein Buch keine mündliche Unterweisung ersetzen, aber diese Hinweise genügen
eigentlich für die Praxis vollauf.

Wenn Sie die hier vorgestellten Übungen so durchführen, wie beschrieben, genügt
dies in der Regel vollauf. Ohnehin sollten Sie sich langsam an den Gedanken
gewöhnen, daß Sie schlussendlich Ihre eigenen Übungen entwickeln müssen, die
speziell auf Ihre individuellen Stärken und Schwächen abzielen und entsprechend an
diese angepasst sind. Die hier gegebenen Beispiele stellen nur einen Weg von vielen
möglichen dar. Sollten Sie sich irgendwann dazu berufen fühlen, Ihr erworbenes
Wissen Ihrerseits an andere weiterzugeben, so werden Sie dies, wenn Sie ein guter
Lehrer oder Meister sind, auf Ihre ganz persönliche, durch Ihre Erfahrung geprägte
Weise tun - und so wird es Ihrem Schüler oder Ihrer Schülerin auch ergehen.

Am Ende bleiben die gleichen Grundtechniken, eingebettet in eine Vielfalt von
Anwendungsmöglichkeiten, wie sie ein Mensch allein unmöglich hervorbringen kann.
Mit unserem Buch kommen Sie im Idealfall so weit, daß Sie keinen eigenen Lehrer
mehr benötigen - weil der einzige Lehrer, den es wirklich gibt, ohnehin nur Sie selbst
sind. Doch bis aus dieser scheinbaren Floskel oder Platitüde vitale Wirklichkeit wird,
bedarf es vieler Erfahrungen, Fehlschläge und Erfolge!

Seien Sie also experimentierfreudig - man mag gegen Sexualmagier sagen was man will, es sind auf jeden Fall keine langweiligen Menschen! Lassen Sie Ihrem Einfallsreichtum freien Lauf, erst dann beginnt die Magie in Ihnen und Ihrer Umwelt wirklich zu leben - und beginnen Sie, Ihrerseits wirklich aus der Magie heraus zu leben, anstatt immer noch das Gefühl zu haben, erst in die Magie hinein zu müssen.

DAS MAGISCHE TAGEBUCH

Bevor wir damit anfangen können, benötigen wir das vielleicht wichtigste Handwerkszeug eines jeden Magiers: das Magische Tagebuch. Weil die Erfolge und Wirkungen der Magie oft so aussehen wie Zufälle, und weil Magie oft zu Erfahrungen führt, die fast ebenso flüchtig zu sein scheinen wie beispielsweise Träume, ist eine genaue und ausführliche Dokumentation der eigenen magischen Arbeit unverzichtbar. Darüber hinaus bietet sie uns nach einigen Jahren der Praxis interessante Einblicke in Trends und Erkenntnisse,
die dem doch meist recht fehlerhaften Gedächtnis ohne eine solche Stütze leid er weitgehend verloren gehen würden.

Wer bereits regelmäßig ein Magisches Tagebuch führt, der braucht sich für die Sexualmagie kein neues, getrenntes Werk anzulegen. Wer dies noch nicht tut, der beachte folgende Ratschläge:

Das Magische Tagebuch sollte groß genug sein, um darin bequem schreiben zu können, andererseits sollte es aber auch nicht übergroß sein, um auf etwaigen Reisen nicht als sperriges und auffälliges Gepäckstück lästig zu werden. Zudem legt man das Magische Tagebuch häufig auf den eigenen Altar, und dessen Oberfläche ist meist sehr begrenzt.

Einzutragen sind stets: Datum, Uhrzeit, Ort und Art der jeweiligen magischen Arbeit.

Auch wenn nicht gearbeitet wurde, sollte dies entsprechend vermerkt werden. Lassen Sie genügend Platz für Nachträge frei, das ist besonders wichtig für die Erfolgskontrolle und die spätere Beurteilung der eigenen Arbeit. Auch etwaige Fehler können hier vermerkt werden.

Was Sie sonst noch alles eintragen, bleibt Ihnen selbst überlassen. Am Anfang wird man beispielsweise Eindrücke beim Ritual aufführen, Beobachtungen von Koinzidenzen, plötzliche Eingebungen usw., aber auch den präzisen Ablauf einer magischen Operation schildern und kommentieren. Später genügt es oft, in knappen Stichworten aufzulisten, was getan wurde.

Es leuchtet wohl ein, daß man z.B. nach dem fünfzehnten Merkur -
Ritual mit dem schlichten Vermerk "Merkur - Ritual von 19.30 bis 20.45 Uhr" auskommt und nicht mehr jede Kerze einzeln beschreiben muss. Auch hier hilft Routine gelegentlich, viel Zeit und Arbeit zu sparen.
Halten Sie das Magische Tagebuch stets gut unter Verschluß und zeigen Sie es keinem Menschen (mit der möglichen Ausnahme Ihres magischen Lehrers).
Wenn nötig, können Sie die Eintragungen auch kodieren oder eine Geheimschrift benutzen. Gehen Sie bei der Bewertung früherer Arbeiten sehr selbstkritisch vor, lügen Sie sich also nicht in die eigene Tasche! Das Magische Tagebuch dient ja gerade der Vermeidung des Selbstbetrugs - nutzen Sie es also entsprechend!

Der Magische Schutz

Ergänzend zur Tiefenentspannung sollten Sie einen magischen Schutz um sich lege
n. Wer damit bereits vertraut ist, kann ihn vor der eigentlichen Tiefenentspannung
projizieren. Wer damit noch keine Übung hat, sollte spätestens bei der dritten
Tiefenentspannung diese fortsetzen wie unten beschrieben. Sind Sie mit der
Energiequalität zufrieden, so üben Sie das Herstellen eines magischen Schutzes
tagsüber ohne vorherige Tiefenentspannung, etwa in der Straßenbahn, im Büro,
beim
Warten an einer Verkehrsampel, beim Einkaufen usw. Haben Sie ein Gefühl dafür
entwickelt (wann es so weit ist, spüren Sie dies durch Ihre zunehmende Sensitivität
schon sehr bald von allein), daß Sie diese Praktik beherrschen, legen Sie den Schutz
vor der Tiefenentspannung um sich. Doch bevor wir die Technik beschreiben, noch
einige grundsätzliche Worte zur Klarstellung.
Wozu magischer Schutz? Hier gilt es, ein Missverständnis aus dem Weg zu
räumen, das sich leider nicht nur unter Laien häufig findet. Kritiker fragen bei diesem
Thema oft:

"Wozu müsst ihr Magier euch eigentlich ständig schützen? Sind etwa alle hinter euch
her? Oder habt ihr einfach nur immer panische Angst?" Nun, diese Fragen sind
berechtigt, denn nicht selten hat es tatsächlich den Anschein, als wäre dem so. Daran
sind sicherlich nicht zuletzt die zahllosen "wohlmeinenden" Autoren in der gesamten
Esoterik schuld, die sich nur zu oft von keinerlei Sachkenntnis getrübt bemüßigt fühlen,
alle Welt vor den vermeintlichen Gefahren der Magie zu warnen. Dabei sind oft die
Angst und das Unwissen die Eltern solcher Ermahnungen. Dieselben Autoren
reagieren freilich recht entsetzt, wenn man ihnen daraufhin nachweist, daß der
überwiegende Teil der von ihnen vertretenen Praktiken in der Magie durchaus ihren
Platz hat, ja daß die meisten ihrer Techniken und Grundprinzipien sogar aus der Magie
stammen.

In Wirklichkeit werden Sie höchst selten im Leben mit dem magischen Angriff eines
Gegners zu tun bekommen. Erstens ist nicht jeder dazu fähig, gezielt und effektiv
Kampfmagie zu betreiben, ohne entsprechend geschult zu sein, vielen Menschen fehlt
es auch schlichtweg völlig an magischem Talent. Zweitens ist ein magischer Angriff
immer eine sehr aufwendige, zeitraubende Geschichte, und kaum ein
ernstzunehmender Magier wird sich darauf einlassen, ohne wirklich provoziert worden
zu sein. Mit anderen Worten: Es muss schon ein sehr triftiger Grund vorliegen, bis ein
wirklicher Magier sich darauf einlässt, Sie anzugreifen und einen langwierigen, zähen
Krieg heraufzubeschwören.

Allerdings schmeichelt es der Eitelkeit, in dem Wahn zu leben, magisch angegriffen zu sein (immerhin ist man dann ja sehr wichtig!), weshalb meiner Erfahrung nach etwa 90 % aller vermeintlichen magischen Angriffe in Wirklichkeit nur Einbildung und Projektionen labiler Psychen sind.

Der magische Schutz dient zunächst und vor allem dazu, ungewünschte Energien fernzuhalten! Gewiß, das können auch Angriffe sein, aber vor allem geht es um die Konzentration. Das Wort "Konzentration" bedeutet, etwas auf seinen Mittelpunkt zu führen (wörtlich: "in einen Mittelkreis ziehen"), es bedeutet aber auch, daß man Überflüssiges aussondert und beiseite läßt. Genau dies ist auch die Grundlage des magischen Schutzes. Meist hat dieser die Gestalt eines Kreises, womit der Magier symbolisch "in seiner Mitte" ist und nichts sich mehr einmischen kann, was unerwünscht ist und nicht ausdrücklich gerufen wurde. Der Kreis hält also äußere Störeinflüsse ab, gleichzeitig bündelt er aber auch die in ihm geweckten und schlummernden Energien, führt sie durch die Person des Magiers auf einen gemeinsamen Brennpunkt und macht sie dadurch wirkungsvoll. Wie jeder Laborchemiker, der bei empfindlichen Experimenten äußere Einflüsse wie Strahlen, Staub, Luftfeuchtigkeit, Temperaturschwankungen usw. abhält, aber auch Konzentrationshemmenden Lärm und Lichtreflexe, so sorgt auch der Magier für optimale Arbeitsbedingungen.

Und diese sind: Konzentration, Körper und Bewusstseinsbeherrschung, sensibilisierte feinstoffliche Wahrnehmung, präzises Gespür für Energiequalitäten und all diese lassen sich eben nur durch innere Mittigkeit erlangen. Es wäre also falsch, hinter dem magischen Kreis ständig Heerscharen böser Dämonen und Astrallarven zu wittern, die nur auf einen Ausrutscher warten, um dem unvorsichtigen Magier den Garaus zu machen. Wie der magische Krieg, sind auch diese Energien zwar zum Teil äußerst real und verlangen nach entsprechender Handhabung, doch sind Gefahren aus dieser Richtung ebenfalls eher die Ausnahme. Allerdings sind sie oft auch sehr unberechenbar, so daß eine gewisse vernünftige Vorsicht stets angezeigt scheint. Selbst ein Weltmeister im Bergsteigen (oder vielleicht gerade dieser!) wird niemals sämtliche Vorsichtsmaßnahmen vernachlässigen, nur weil er sich vielleicht gerade im Vollbesitz seiner Kräfte oder auf dem Höhepunkt seiner Leistungsfähigkeit wähnt.

Denn er weiß genau ein einziger unnötiger, weil vermeidbarer, Fehltritt, und schon war alles nur ein Traum mit jähem, tödlichem Ende. Das ist nicht dasselbe wie Panik und Verfolgungswahn: Es ist lediglich die Sorgfalt des Experten, die diesen nicht zuletzt auch zum Könner macht.

Begreifen Sie den magischen Schutz also im hier erläuterten Sinne, dann ist er gleichzeitig auch wirkungsvoller, als wenn Ihr Antrieb, sich zu schützen, auf Angst beruht. Dies vor allem deshalb, weil jede Furcht vor etwaigen Gefahren jeden Mentalschutz schon durch ihre bloße Existenz aufweicht und unter Umständen bei der leisesten Herausforderung zusammenbrechen lässt. Mit anderen Worten: Man muss sich seine (magische) Festung für sich selbst, für sich persönlich erbauen, damit man in der eigenen Mitte leben kann, sich aber nicht ausschließlich am Feind orientieren, denn damit zieht man diesen nicht nur an, man wird über kurz oder lang sogar zu seiner Marionette, weil man nämlich immer stärker darauf fixiert ist, ihm und seinen Winkelzügen ständig zuvorzukommen. Damit würde man seine Energie nämlich nur an den Gegner binden und schließlich die wirkliche Initiative verlieren, obwohl man selbst vielleicht glaubt, noch Tempovorteil zu haben. Da ist es sinnvoller und strategisch effektiver, die eigenen Fähigkeiten optimal auszunutzen, Fehler und Mängel zu beheben und dafür zu sorgen, daß man sich zurecht sicher und geborgen fühlt.

Das ist allerdings mehr eine Frage der Einstellung als der Technik, und nirgendwo gilt dies so uneingeschränkt wie auf dem gesamten Gebiet der Magie. Der magische Schutz dient also zunächst einmal der Konzentration und der gesteigerten Sorgfalt, erst in zweiter Linie als Schutz" vor Feinden und Gefahren im herkömmlichen Sinne. "

Man könnte ihn korrekter auch als "Energie - Filter" und " - Polarisator" bezeichnen, der gleichzeitig als "Kraft - Akkumulator" funktioniert, aber um der Kürze willen bleiben wir hier beim üblichen Ausdruck "magischer Schutz".
Damit ist auch der oft geäußerte Einwand widerlegt, daß es doch töricht sei, mittels des magischen Schutzes alles abzublocken, was von außen auf einen zukommen könnte, weil dies Erfahrungsreichtum
und Lernfähigkeit reduziere und zu einer wahnhaften Ichbezogenheit führe.

Denn der magische Schutz hält eben nicht alles ab, .sondern nur das im jeweiligen Augenblick Unförderliche.

Von daher leuchtet es auch ein, daß beispielsweise ein allgemeiner magischer Dauerschutz, den man ständig aufrechterhält, eine andere Energiequalität besitzt als etwa der Schutz, den man eigens für ein sexualmagisches Ritual aufbaut. Der allgemeine Schutz ist vielleicht etwas "grobmaschiger", dafür aber etwas stabiler und robuster, während der spezielle Schutz zwar durch seine Feinjustierung anfälliger für Störungen und Gegenkräfte ist, dafür aber präziseren Zielbeschuss ermöglicht und eine höhere Treffgenauigkeit aufweist. All diese Beschreibungen sind natürlich nur sprachliche Annäherungen an ein Gefühl, das nicht wirklich vermittelt sondern nur erfahren werden kann.

Sie werden jedoch in diesem Buch Übungen finden, die Ihnen beim Umgang mit diesem "Feingespür" zu einer größeren Sicherheit und zu zuverlässigeren Ergebnissen verhelfen können.

Diese ausführlichen Bemerkungen zum Nebenthema des Schutzes waren erforderlich, weil darauf auch unsere gesamte Sexualmagie fußt. Deshalb gilt es, sie zu beherzigen, um Missverständnisse und etwaige Fehler zu vermeiden. Und nun zur eigentlichen Übung. Magischer Schutz 1

Der übliche magische Schutz ist ein Kreis, der so genannte "Schutzkreis". Dieser wird, wie alle anderen Schutzsymbole auch, imaginiert und/oder visualisiert.

Ziel sollte es sein, das Schutzsymbol derart intensiv zu projizieren, daß man es selbst wie eine Art bewusster Halluzination wahrnehmen kann. Dabei ist es unerheblich, ob diese Wahrnehmung quasi optischer oder anderer Art ist, solange ihre Intensität für sich spricht. Man kann das Schutzsymbol also auch "riechen" oder "schmecken", es mit den physischen Händen

"fühlen" oder wie auch immer. In Wirklichkeit handelt es sich bei diesen Worten nämlich auch nur um Annäherungen an einen Sachverhalt, der in unserem Sprachschatz nicht vorgesehen ist: eine Wahrnehmung mit einem ans cheinend nichtstofflichen Organ, das sich der Sinnesorgane lediglich als Zuträger und Kanäle bedient, ohne sie wirklich zu beanspruchen oder ihnen gar Selbstständigkeit zu gewähren.

Im Idealfall kann auch eine anwesende Zweitperson das Schutzsymbol wahrnehmen, wenn sie hinreichend sensitiv oder geschult ist, und zwar auch ohne vorher darauf aufmerksam gemacht worden zu sein oder überhaupt von seiner Existenz zu wissen.

Doch bis es so weit ist, vergehen meistens viele Jahre oder sogar Jahrzehnte der Praxis; zum Glück können wir auch schon vorher magisch tätig werden und brauchen uns nicht erst bis zu dieser hohen Stufe der Könnerschaft empor zu hangeln. Dennoch sollte dies stets das Ziel der magischen Projektion sein, weil sich an seiner Erreichung die wirkliche Meisterschaft zeigt und man dann sicher sein kann, weitgehend fehlerfrei zu arbeiten. Der Kreis ist aus mehreren Gründen als magischer Schutz sehr beliebt. Zum einen ist er unendlich, da er weder Anfang noch Ende hat. Somit dient er auch als Glyphe der Unendlichkeit des Magiers selbst, der ja schließlich Gott werden will. Zum anderen entspricht der Kreis dem Gesichtshorizont des Menschen, somit also seiner Wahr - Nehmung und Wahr - Haltung. Ferner gelten Kugel und Kreis seit jeher als vollkommene Figuren, nicht zuletzt wegen ihrer interessanten geometrischen Formen und Gesetze, die vor allem für die Mathematiker der Antike voller Geheimnisse steckte, man denke etwa an die Entdeckung der Kreiszahl Pi. Der Kreis besitzt für uns eine Vielzahl archetypischer Assoziationen, unter anderem die des Schutzes, der Geborgenheit, der Überschaubarkeit, der Vollkommenheit. Man spricht von einer "runden" Sache, zitiert das "Störe meine Kreise nicht" des kurz vor seinem Tod stehenden Archimedes, benutzt Worte wie "höhere Kreise", "innere Kreise", "Umkreis", "seinen Kreis abstecken", "im Kreis gehen" (für nicht enden wollend), "Kreislauf". Magier sprechen von Kollegen, mit denen sie "im Kreis gestanden", mit denen sie also mal ein gemeinsames Universum geteilt haben usw.

Und tatsächlich symbolisiert der Kreis den Kosmos des Magiers, seine Welt gewissermaßen, seine Realität. Magie zu betreiben heißt, von einem Universum ins andere springen, mal die eine, mal die andere Realität zu leben, konsequent und zielbewusst und im Idealfall mit virtuoser Beherrschung. Für all dies ist der Kreis ein geeignetes Symbol. Dennoch ist er nicht die einzige Schutzglyphe, die wir kennen. Ich halte es auch für sinnvoller, wenn jeder Magier sein persönliches Schutzsymbol wählt. Dies gilt vor allem für Dauerzauber wie etwa ein allgemeiner, permanenter magischer Schutz, wie wir ihn bereits erwähnt haben. Die Rituale dagegen sollte man zumindest weitgehend in Übereinstimmung mit der Tradition durchführen, vor allem dann, wenn man mit anderen Gleichgesinnten zusammenarbeiten will. Die folgende Übung dient zunächst einmal der Feststellung eines eigenen optimalen Schutzsymbols.
Die Übung kann allein oder zu mehreren durchgeführt werden. Sind es mehrere Teilnehmer, übernimmt einer von ihnen die Leitung. Arbeit et man allein, muß man natürlich sämtliche Funktionen selbst wahrnehmen.

Der Magier versetzt sich im Sitzen in einen entspannten Zustand und schließt die Augen. Nach einer Weile läutet der Leiter (oder eben, bei Solo - Arbeit, der Magier selbst) die Glocke oder Zimbel und suggeriert: "Du befindest dich in einem flammenden Feuerkreis, der dich in Hüfthöhe umgibt, einen halben Meter von deinem Körper entfernt und fünf Zentimeter dick." (Arbeitet man allein, benutzt man natürlich die Ich - Form.) Hat man die Imagination deutlich vor dem inneren Sensor, achtet man darauf, wie man sich im Inneren des Symbols fühlt, mit anderen Worten, man "tastet" seine Energiequalität ab. Dies geschieht 10 bis 20 Minuten lang. Danach erneutes Glocken oder Zimbelläuten, und die nächste Suggestion beginnt.

Man arbeitet herkömmlich mit Symbolen wie "silberne Kugel", "goldene Pyramide", "blaues Ei", "Kristallwall", "schwarzer Würfel", "transparenter Kegel" usw., es lassen sich aber auch eigene entwickeln. Immer befindet sich der Magier im Inneren des Symbols. Wem dies lieber ist, der kann die Übung mit kürzerem Ablauf, aber dafür häufiger durchführen. Nach und nach wird sich bei beiden Vorgehensweisen klar herausstellen, in welchem Symbol Sie sich am sichersten und geborgensten fühlten, um sich darin sogar schlafen zulegen.

Dieses Symbol sollten Sie von nun an als persönlichen Schutz benutzen. Man trägt es Tag und Nacht mit einer Art "zweiten Aufmerksamkeit" um sich, und bevor man einschläft (oder eben seine Tiefenentspannung beginnt); besonders zu empfehlen ist es in Situationen der Bedrohung, der Kraftlosigkeit, der Verunsicherung usw., aber auch beim Autofahren und zur Sicherung von Gegenständen ist es gut zu verwenden.

Es kann auch vorkommen, daß das persönliche Schutz - und Kraftsymbol gelegentlich gewechselt werden muss, doch das ist relativ selten der Fall. Wichtig ist vor allem, daß Sie die unumstößliche innere Sicherheit gewinnen, welches "Ihr" Symbol ist und welches nicht. Gehen Sie diese Entscheidung nicht mit dem Kopf, sondern mit dem Bauch oder
dem Herzen an, das ist die sicherste Methode. Versuchen Sie, Ihrem Schutzsymbol immer mehr Gestalt zu verleihen, es immer mehr in
Ihre Seele einzugraben. Es genügt selten, einmal im Leben ein einziges Schutzsymbol für alle Zeiten geistig zu erbauen, für derlei Operationen muss man erfahrungsgemäß schon etwas schwerere Geschütze auffahren, nicht zuletzt auch sexualmagische.

Sollten Sie Schwierigkeiten beim Visualisieren oder Imaginieren haben, hilft folgende Zusatzübung:

Sie setzen sich in etwa sechzig Zentimetern Entfernung vor eine kahle Wand, ein Betttuch o. ä.., und starren mit weit geöffneten Augen darauf, ohne mit den Wimpern zu blinken. Brillen und Kontaktlinsen sind vorher zu entfernen. Wenn der Blick zu flimmern beginnt, ja vielleicht die Augen sogar tränen (das ist häufig und völlig harmlos), versuchen Sie, Ihr Schutzsymbol auf der äußeren "Leinwand" zu sehen oder sonst wie wahrzunehmen. Ist dies gelungen (für den Anfang genügen auch sehr unscharfe Konturen des gewünschten Symbols), schließen Sie die Augen und "saugen" das Symbol innerlich vor Ihr inneres Auge. Gelingt dies nicht, öffnen Sie wieder die Augen und beginnen von vorn. Haben Sie das Symbol (im Augenblick noch von "außen" betrachtet) klar erkennbar vor sich, lassen Sie es sich ausdehnen, bis es Ihren Körper völlig umschließt, Sie aber auch noch etwas Bewegungsspielraum haben. Nun verfahren Sie weiter, wie beschrieben. Oft verlangt es
nur nach ein wenig Ausdauer und Geduld, bis man zum gewünschten Erfolg gelangt, doch wenn Sie unseren Rat beherzigen, sich nicht ausschließlich auf eine quasi optische Wahrnehmung einzustellen, werden Sie wahrscheinlich kürzer brauchen, als erwartet.

SEELENSPIEGEL FÜR DIE SEXUALMAGIE

Dieser Seelenspiegel besteht aus einem Fragenkatalog. Anders als bei üblichen Fragebögen sollten Sie die Fragen jedoch nicht alle auf einmal beantworten, und auch die Reihenfolge der Beantwortung bleibt Ihnen selbst überlassen.
Betrachten Sie die Fragen also eher als Anregungen zur Meditation, Kontemplation und Selbsterforschung. Lassen Sie sich genügend Zeit bei der Beantwortung und vor allem - seien Sie sich selbst gegenüber absolut ehrlich!
Tragen Sie die Antworten in ihr Magisches Tagebuch ein und
lassen Sie, wie schon erwähnt, hinreichend Platz für spätere Anmerkungen.

1) Was bedeutet Sexualität für mich? Was erwarte ich von ihr?

2) Wie zufrieden / unzufrieden bin ich mit meiner bisherigen Sexualität?

3) Wo liegen in der Sexualität meine Schwächen? 4) Wo liegen in der Sexualität meine Stärken?

5) Welches sind meine sexuellen Tabus, was ist mir sexuell (bisher) unmöglich?

6) Welches sind meine sexuellen Ängste?

7) (Gehen Sie im Geiste noch einmal die ersten ca. 15 sexuellen Erfahrungen - autoerotische wie hetero - oder homoerotische - durch.) Inwieweit haben meine ersten sexuellen Erfahrungen meine gegenwärtige Sexualität geprägt?

8) Bin ich sexuell eher aktiv oder passiv?

9) Wie reagiere ich auf sexuelle Enttäuschungen und Frustrationen?

10) Weshalb befasse ich mich mit Magie? Was erwarte ich von ihr?

11) Weshalb befasse ich mich mit Sexualmagie? Was erwarte ich von ihr?

12)

13)

14)

Ergänzen Sie diese Liste selbst durch mindestens drei eigene Fragen, die Ihrer Meinung dazu gehören. (Diese Übung hilft Ihnen auch beim Erstellen späterer, weiterführender Seelenspiegel.) Beachten Sie, dass hier keine Antworten vorgegeben und keine Punkte verteilt werden! Es gibt keine falschen Antworten allenfalls unehrliche oder unvollständige. Doch so wie Sie als Magier oder Magierin stets sich selbst verantwortlich sind für alles, was Sie tun oder lassen, so ist es auch hierbei: Profitieren tun davon nur Sie selbst!

Sind Sie noch völliger Laie auf dem Gebiet der Magie im all gemeinen und der Sexualmagie im Besonderen, so sollten Sie erst nach der Erstellung des Seelenspiegels mit der sexualmagischen Praxis beginnen. Haben Sie dagegen bereits sexualmagische Erfahrung, sollten Sie dennoch den Seelenspiegel erstellen, um sich tiefere Einsichten der Selbsterkenntnis zu verschaffen und Ihre Praxis dadurch zu bereichern.

SEXUALMAGISCHES TRAINING

Zur Vorbereitung auf die Sexualmagie gehören auch weltanschauliche, theoretische und praktische Hinweise. Solche wollen wir ab nun in Form von "Weiterführenden Zwischenbemerkungen" einflechten, um die Lektüre aufzulockern, erforderliches Hintergrundmaterial einzubringen, das bisher Geschilderte in einen Gesamtkontext einzubetten und das Neue anzukündigen.
Diese Zwischenbemerkung en sind ganz
bewusst scheinbar unsystematisch konzipiert, um ein Gegengewicht zur rein technischen und relativ hierarchisch gegliederten Übungsreihenfolge zu bieten. Nur scheinbar handelt es sich jedoch bei diesen Zwischenbemerkungen um Abschweifungen: Nach der Gesamtlektüre dieses Buchs werden Sie verstehen, dass sie nicht nur eng ineinander
greifen, sondern auch dazu anregen wollen, das hier präsentierte Wissen auf der affektiven und eher ungeordnet - intuitiven Ebene aufzunehmen. Es folgt nun der erste dieser Einschübe.

Alte Magiebücher sind immer erfreulich voll von ganz präzisen Zeitangaben. Da wird dem Leser befohlen, die Übung X erst mindestens drei Jahre lang täglich dreißig Minuten perfekt durchzuführen, bevor er sich an die natürlich noch viel schwierigere Übung Y wagen darf usw. Solche Ratschläge haben meiner Erfahrung nach nur einen wirklichen Wert: Sie schrecken Leute ab, die sich einbilden, Magie funktioniere wie im Märchen (und wie die moderne Laien - Technik), nämlich mit einem bloßen Fingerschnippen oder auf Knopfdruck, sofern nur das richtige "Wissen" vorhanden sei. Paradoxerweise stimmt das für die Endstufen der Magie sogar, nur dass dieses "Wissen" eben nicht einfach nur eine intellektuelle Ansammlung von Fakten und Kenntnissen ist, sondern eben "Gnosis", ein Wissen also, das sämtliche Ebenen erfasst und durchwirkt, Körper, Seele und Geist oder, in unserer Einteilung, Physis, Psyche und Magis. Austin Osman Spare, auf den wir noch zurückkommen werden, hat von Sigillen (magischen Willensglyphen) gesagt, dass sie "Fleisch werden" (eigentlich: das sie "fleischen"), und das ist ganz wörtlich gemeint:

Wenn, wie die psychologische Magie annimmt, die magischen Urkräfte tief im Unbewussten schlummern, so ist dieses "Unbewusste" nicht bloß als "Hinterstübchen des Gehirns" zu begreifen, sondern als eine Totalität, die jede Zelle des Körpers durchdringt und erfasst. Mit anderen Worten: Unsere Instinkte sind derartig tief im Körperlichen verankert, dass Wahrnehmung und Körperreaktion praktisch eins sind. Dann spricht man von Reflexen", aber auch, vor allem in älteren Texten, von "Fleischeswissen".

Dieses genetische Urwissen, das schon in unseren Chromosomen schlummert, soll beim modernen Menschen weitgehend verkümmert sein, wie zahlreiche Kritiker (auch Magier und Schamanen!) meinen. Ich teile diese Ansicht nicht. Gewiss, sie kann einige schwerwiegende Argumente ins Feld führen, die man nicht übersehen darf. So ist der Mensch das einzige Tier (wenn man von den domestizierten Gattungen einmal absieht), welches sich nicht mehr natürlich ernährt und in vielen Bereichen eine ungeheure Instinktschwäche entwickelt hat. Wir können einem Nahrungsmittel eben nur noch in den seltensten Fällen instinktiv anmerken", dass es für uns schädlich ist. Wir missachten die " Zyklen der Natur, machen die Nacht zum Tag, verstoßen gegen fundamentale Regeln und Gesetze des Lebens, etwa indem wir uns mit Alkohol und Nikotin systematisch vergiften, in unseren Hormonhaushalt eingreifen, uns ökologisch den Ast absägen, auf dem wir sitzen usw.

All dies wiegt, wir sagten es schon, schwer. Doch ist es sehr einseitig, das Problem nur von dieser Warte aus zu betrachten, ja es macht das Dilemma nur noch größer, anstatt es zu beheben. Es gibt auch die gegenteilige Position: Dann sehen wir, dass der Mensch tatsächlich als einziges Wesen die absolute Vorherrschaft auf seinem Planeten errungen hat, daß er das einzige Tier ist, welches nicht völlig hoffnungslos den Unbilden der Witterung ausgeliefert ist, das einzige Wesen, das seit Jahrhunderten seine durchschnittliche Lebenserwartung zu steigern vermocht hat, das über seinen eigenen Lebensraum hinausgreifen und das Weltall besiedeln kann usw.

Auch diese Auffassung allein wäre jedoch zu einseitig: Sie setzt dem Pessimismus der Zivilisationsskepsis lediglich den Optimismus des Fortschrittsglaubens entgegen, ohne ihn wirklich widerlegen zu können. Mag sein, daß auch hier die Wahrheit einmal mehr zwischen den Extremen liegt, aber der entscheidende Punkt ist, wie ich meine, vielmehr der, daß die Fähigkeiten des Menschen von beiden Parteien nicht richtig eingeschätzt werden. Zum einen sollte man die Instinktsicherheit des Zivilisationsmenschen nicht beständig unterschätzen, um dagegen den Mythos vom edlen, "naturverbundenen" Wilden zu stellen, der angeblich fehlerlos im Einklang mit seiner Umwelt lebt. Dazu zwei Anmerkungen: Erstens ist auch auf die Instinkte des Naturmenschen nicht immer Verlass, und das gilt übrigens ebenso für das Tier. Zweitens leben gerade Naturvölker in einem Korsett von Tabus und Stammesregeln, die uns den Preis für ihre vermeintliche Instinktüberlegenheit doch als reichlich hoch erscheinen lässt.

Wir sollten dagegen einmal erkennen, über welche gewaltigen Magis und Instinkt Reserven wir in Wirklichkeit verfügen und wie sehr sie Bestanteil unseres Alltags sind. Nehmen wir wieder einmal das Autofahren als Beispiel: Es ist geradezu unglaublich, welche Leistung der Mensch zudem ganz unbewusst - beim Lenken eines Fahrzeugs vollbringt. Er kann es nicht nur durch dichtesten Straßenverkehr leiten, der voller jeden Augenblick präsenter Gefahren für Leib und Leben steckt, er kann diese Unzahl äußerer Reize und Entscheidungszwänge sogar weitgehend unbewusst bewältigen, während er sich gleichzeitig mit seinem Beifahrer unterhält und am Einstellknopf des Autoradios dreht! Gewiss, es ist dies eine Fertigkeit, die gelernt werden kann, und oft klappt es auch nicht und endet tödlich, doch ist das im Urwald nicht anders: Auch dort werden die Fertigkeiten des Spuren Lesens und des Jagdwildwitterns jahrelang antrainiert, und wenn in so genannten "Primitivkulturen" magische Fähigkeiten etwas offensichtlicher zutage treten sollten, so vielleicht nur, weil sie dort als selbstverständlicher begriffen werden und nicht so stark mit dem Nimbus des "Unerklärlichen" versehen werden wie bei uns, wenn man einmal davon absieht, daß es natürlich auch unter Schamanen, Fetischpriestern und Medizinmännern so etwas wie "Berufsgeheimnisse" und Geheimbunddenken gibt. Der Schamane mag seinem Stammesgenossen zwar als "unheimlich" erscheinen, weil er mit Wissen hantiert, das nicht jedem zugänglich ist, aber als "unnatürlich" gilt er ihm ganz bestimmt nicht.

Unser heutiger, viel beklagter "Verlust an Natürlichkeit" (den übrigens die alten Griechen schon ebenso bejammerten wie die Renaissance, der Barock und die Romantik, ja die Anfänge dieser Klage finden sich eigentlich schon in der Geschichte von Adam, Eva und der Vertreibung aus dem Paradies .) ist, wie ich meine, viel eher eine Art von "Fehl - Konzentration", eine sehr zweifelhafte Form der selektiven Wahrnehmung. Gegen selektive Wahrnehmung ist im Prinzip nichts einzuwenden, ja sie ist sogar lebensnotwendig, bewahrt sie uns doch davor, ständig mit einer Unzahl von äußeren Reizen überflutet zu werden und uns mit jedem von ihnen getrennt auseinanderzusetzen. Das Erkennen magischer Kräfte, Ereignisse und Omen ist genau genommen ebenfalls eine Form selektiver Wahrnehmung, wenn man so will. Kritisch wird es eben nur, wenn man sich dessen nicht mehr bewusst ist und den eigenen Teilausschnitt der Wirklichkeit mit dem Ganzen verwechselt.

Da entsteht dann schnell ein Kreuzzugsdenken, und wenn die abendländische Geschichte einen wirklich obszönen Aspekt hat, so sicherlich den, daß ausgerechnet jene Religion, die mit ihrer Fleischesfeindlichkeit und "Macht euch die Erde untertan" - Mentalität die Natur vergewaltigt hat, wo sie ihr nur begegnete, daß diese Religion der Magie immer wieder ungestraft vorwerfen konnte, sie sei unnatürlich! Tatsache ist vielmehr, daß durch ein falsch verstandenes Griechentum und ein ebenso wenig begriffenes Christentum die abendländische Wahrnehmung der Natur - Magis des Menschen verhindert wurde, nicht aber die Magis selbst.

Wenn wir Magier sein wollen, auch und gerade Sexualmagier, so müssen wir lernen, uns von den fremden, aufgezwungenen Realitäten der "herrschenden Mächte" zu befreien und zu unserer eigenen Mitte und Zentriertheit zu finden. Pete Carroll meinte einmal in einem Gespräch, daß der Mensch im Verhältnis zu seiner Körpergröße doch zu recht erstaunlichen Dingen fähig ist. Hier sehen wir die andere Gefahr, die nämlich von der Magie selbst ausgeht. Während Religion und Wissenschaft den Menschen entweder auf einen Gottessklaven oder auf ein Hormontier reduzieren, während Skeptiker an den magischen Fähigkeiten des Homo sapiens zweifeln, wie überhaupt an der Existenz paranormaler und nicht rational erklärbarer Geschehnisse, neigt die Magie dazu, den Menschen im Gegenzug größenwahnsinnig werden zu lassen, so daß er seine Fähigkeiten als Magier hoffnungslos überschätzt. Dies ist eine Realität, die der anderen, nichtmagischen, an Borniertheit und Unkenntnis in nichts nachsteht. Halten wir fest: Der Mensch, auch der moderne, braucht nicht allzu tief am zivilisatorischen Firnis zu kratzen, um den Urmenschen mit seiner tierhaften Trieb und Instinktsicherheit, aber auch mit seinen Mängeln und Ängsten, wieder hervorspringen zu lassen, das beweist jeder Krieg aufs Neue.

Unsere Instinkte mögen nicht mehr so offen hervortreten, wie dies früher vielleicht der Fall war, doch haben sie sich stattdessen zumindest teilweise auf Gebiete verlagert, wo wir sie, wie es ja für Instinkte ganz allgemein ohnehin kennzeichnend ist,nicht mehr bewusst wahrnehmen, wofür das Autofahren nur ein Beispiel ist.

Deshalb ist es auch zu empfehlen, im Alltag auf Magie zu achten, sie auch als solche wahrzunehmen, wenn sie vorkommt. Das erschließt uns automatisch nicht nur einen besseren Zugang zu den Quellen unserer eigenen magischen Kraft (Magis), es macht die Magie auch selbstverständlicher, leichter handhabbar und somit im Endeffekt wirkungsvoller.

Doch ist Magie nur Instinktweistum? Ja und nein. Ja, weil wir in der Magie mit der Gnosis arbeiten, und die funktioniert weitgehend auf der unbewussten und der feinstofflichen Ebene. Nein, weil sie die Instinkte im Idealfall zwar umspannt, aber mehr ist als diese, weil sie über sie hinausführt. Man hat die westliche Magie auch als "angewandte Mythologie" bezeichnet, ein Begriff, der den Kern der Sache durchaus trifft, wenn er auch einige der stärker technisch orientierten Richtungen der Magie nicht berücksichtigt. Der Mythos aber ist kein Kopf - sondern ein Bauchwissen, eine Bauch - Wahrheit. Der genaue Unterschied zwischen Instinkt und Intuition ist allerdings selbst in der Magie nicht leicht festzumachen. Oft werden jene Mitteilungen der Instinkte, die nicht sofort zu reflexartigem Handeln führen (wie es beispielsweise das Davon stürzen bei einem Feuerausbruch im Kino oder Fußballstadion wäre), als "Intuitionen" oder "Eingebungen" wahrgenommen.

Da wir in der Regel nicht darauf trainiert sind, mit Intuitionen nüchtern umzugehen, reagieren wir zwar mit gewaltiger Entzückung, wenn die Intuition zutreffend und einigermaßen positiv ist, aber auch mit ebenso gewaltiger Enttäuschung, wenn uns die Intuition mal in die Irre führt oder Schlimmes verheißt. Das ist ein "unnatürlicher" Zustand! Während wir unserem Intellekt immer zubilligen, daß er sich auch mal irren kann, bricht für uns meistens gleich die ganze Welt zusammen, wenn sich irgendeine nette Vorahnung, auf die wir felsenfest vertraut haben, plötzlich als Schall und Rauch entpuppt. Dahinter steht häufig eine Überschätzung der Magie, die nicht selten mit einer nicht eingestandenen Furcht vor ihr einhergeht.

Wenn wir die Magie jedoch als letzten Strohhalm begreifen, der uns in einem feindlichen Leben noch über Wasser halten soll, wenn der Magier als eine Art Astral Zorro den Rächer der Enterbten und karmisch Gebeutelten spielen soll, dann ist das zwar mythisch gedacht aber falsch! Denn Magie ist stets fleischlich, sie steht mitten im blühenden Leben, ohne das Leben ist sie ein Nichts, wie auch das Leben für viele Magier ohne die Magie nur Blendwerk und eitler Tand wäre. Sie ist nicht Ersatz für das Leben, sie ist Teil des Lebens, ja sie ist das Leben selbst. In diesem Sinne, und nur in diesem allein, kann man davon reden, daß wirklich alles Magie ist

Das Konzept von der Fleischlichkeit ist durchaus wörtlich zu verstehen: die wirkungsvollste Magie bedient sich des menschlichen Organismus selbst, ganz wie etwa ein Radiästhesist des menschlichen Körpers als Sensor bedarf, damit Rute oder Pendel ausschlagen. Wenn wir von den schamanischen Kulturen eines lernen können, so ist es die starke Körperbetonung der Magie.

Da wird der Organismus mit Hilfe von Tanz, Erschöpfungstechniken, Streß, Drogen, Fieber usw. bis an den Rand seiner Leistungsfähigkeit gebracht, bevor die Magie überhaupt stattfindet! Als ich einmal zusammen mit einer Gruppe deutscher Magier mit einem afrikanischen Fetischpriester gearbeitet habe, ließ dieser mich nach einem ohnehin recht anstrengenden einleitenden Ritual in einer Höhle etwa eine Dreiviertelstunde lang um die eigene Achse wirbeln.

Normalerweise wurde mir damals schon bei der geringsten Drehung um die Körperachse schwindlig, und auch diesmal stürzte ich mehrere Male beinahe zu Boden, wären nicht drei meiner Kollegen dazu abgestellt worden, sich im Kreis um mich zu stellen und mich immer wieder aufzufangen. Nach einer Weile wich der Schwindel der Erschöpfung, und ich geriet fast in eine Volltrance, an die ich mich entsprechend kaum erinnern kann.

Ich redete "in Zungen" und war fast völlig weggetreten. Schließlich beendete der Medizinmann die Aktion, und ich durfte mich, völlig erschöpft wie ich war, ausruhen und wieder zu mir finden. Der größte Schock war freilich seine anschließende Bemerkung: "Bei uns in Afrika", sagte er in seinem etwas gebrochenen Deutsch, "macht das Medizinmann etwa drei Stunden, dann geht jemand zu Häuptling und sagt: 'Medizinmann ist in Kraft'."

Allein die Vorstellung, dieses Wirbeln nicht etwa eine Dreiviertelstunde sondern drei volle Stunden lang durchhalten zu müssen, ließ mich schaudern. Seine Bemerkung vermittelte mir aber auch einen Eindruck davon, mit welchen Leistungskriterien die Magie bei Naturvölkern angegangen wird. Die meisten westlichen Magier, die ich kenne, arbeiten jedoch durchaus erfolgreich mit weitaus weniger drastischen und anstrengenden Mitteln und Techniken, und daß dies überhaupt möglich ist, erklärt sich aus dem Konzept der gnostischen Trance, das wir schon behandelt haben.

Im Grunde kommt es nicht unbedingt auf die Heftigkeit der Übung an, sondern auf die schlussendlich erlangte gnostische oder magische Trance: Hauptsache, "Medizinmann ist in Kraft"! Das ändert freilich nichts daran, daß die gnostische Trance fast immer über die Körperschiene funktioniert. Ein Indiz dafür ist auch die Tatsache, daß solche Trancen fast immer mit körperlichen Symptomen einhergehen: Schnaufen, Husten, leichtes Schwindelgefühl, Körperbeben, ja sogar Erbrechen und heftige Muskelspasmen können gelegentliche Begleiterscheinungen sein. Dennoch ist die gnostische Trance meistens wesentlich unspektakulärer, als dies dem Anfänger vorher klar ist. Oft erkennt er erst an völlig unerklärlichem Fehlverhalten, daß er überhaupt in Trance ist. (Ganz ähnlich sind sich die wenigsten Hypnotisierten ihrer Hypnotisierung bewusst obwohl oder gerade weil ihr Verstand völlig normal zu funktionieren scheint.)

Die gnostische Trance

Wir haben die gnostische oder magische Trance bereits mehrfach behandelt. Hier
wollen wir nun die Grundformen dieses wichtigsten aller Magiebestandteile
behandeln. Grundsätzlich unterteilen wir, darin dem berühmten Liber Null folgend,
in Dämpfungs- und Erregungstrance.

Dazu schreibt Pete Carroll, der Autor des Liber Null: "Mit der Dämpfungsmethode
wird der Geist immer mehr beruhigt bis nur ein einziges Konzentrationsziel übrig
bleibt. Bei der Erregungsmethode wird der Geist in sehr große Erregung versetzt
während die Konzentration auf das gewählte Ziel beibehalten wird. Starke
Stimulierung schaltet schließlich Verzögerungsreflexe aus und lähmt letztlich alles
bis auf die Hauptfunktion,
nämlich die Konzentration auf ein Ziel. So kommt es dazu, dass starkes Dämpfen
und starke Erregung die gleiche Wirkung erlangen das zentrierte, auf einen einzigen
Punkt ausgerichtete Bewusstsein, oder eben GNOSIS." Sie sollten sich mit
möglichst vielen Formen der gnostischen Trance vertraut machen, weil dies nicht
nur die allgemeine Trancefähigkeit hebt sondern es Ihnen erleichtert, stets die
richtige Form auszuwählen.
Zur Dämpfungstrance führen unter anderem:
Schlafentzug; Fasten; Erschöpfung;
Meditation; Gedankenleere; Entzug der Sinnesreize (sog. "sensorische
Deprivation"); tranceauslösende Konzentrationen; Todesmimikry.

Zur Erregungstrance führen unter anderem: Schmerz; Tanzen; Trommeln;
Singsang; Gefühlsregungen wie z.B. Furcht, Zorn und Entsetzen;
Hyperventilation; Überflutung mit Sinnesreizen; sexuelle Erregung.
Auch Übungen wie das Aurasehen, die sexualmagische Tiefenentspannung,
Mantraarbeit und das Herstellen des Kleinen Energiekreislaufs (übrigens auch das
Pendeln und Rutengehen, sowie die Kristall - und die Spiegelschau) können zur
gnostischen Trance führen. Wir wollen uns hier, wie schon erwähnt, auf die
sexualmagischen Trancen konzentrieren. Dazu noch ein weiteres Zitat aus dem Liber
Null: "SEXUELLE ERREGUNG kann durch jede beliebige, bevorzugte Methode
erlangt werden. In jedem Fall muß die Lust, die zur sexuellen Erregung notwendig ist,
auf das Ziel des magischen Handelns übertragen werden.
Sexuelles Arbeiten bietet sich schon per se für die Erschaffung unabhängiger
Wesensformen an, für die Evokation also.

Bei Invokationen, in denen der Magier danach strebt, sich mit einem bestimmten Prinzip oder Wesen zu vereinen, kann man den Partner als Inkarnation der gewünschten Idee oder der Gottheit visualisieren und den Vorgang damit auch auf der physischen Ebene widerspiegeln. Verlängerte, ausgedehnte sexuelle Erregung durch Karezza, Orgasmusunterbindung oder wiederholte Orgasmen kann zu Trancezuständen führen, die für die Divination nützlich sein können. Es kann notwendig werden, die eigene ursprüngliche Sexualität erst dadurch wiederherzustellen, dass man sie von der Masse der Phantasien und Assoziationen befreit, in die sie meist versunken ist. Dies erlangt man
durch vernünftigen Umgang mit Abstinenz sowie durch das Erregen der Lust ohne jede s mentale Hilfsmittel oder Phantasien. Diese Übung hat auch therapeutischen Wert."

Ob Sie sich für eine Erregungs- oder eine Dämpfungstrance entscheiden, bleibt Ihnen überlassen. Manchmal sind die Grenzen auch fließend. So kann eine sehr ausgiebig e sexuelle Betätigung beispielsweise eine Dämpfung durch Erschöpfung bewirkten, kann aber auch ins genaue Gegenteil einer Überreizung umschlagen und eine Erregungstrance auslösen. Diese Strukturierung der Trancen ist auch weniger von eigenem praktischem Wert. Es ist in der
Regel nicht so, als würde man sich wie am Reißbrett für einen bestimmten Trancetyp entscheiden und nur diesen dulden; vielmehr wird diese Entscheidung meistens auf der intuitiven Ebene gefällt, was viel nützlicher und sinnvoller ist. Die Unterscheidung der Trancen bietet uns aber, und deshalb haben wir sie aufgeführt, einen strukturalen Einblick in das Wesen der magischen Trance. Sie erkennen dadurch, dass es grundsätzlich zwei verschiedene Ansatzpunkte gibt, um zu einem ähnlichen Ergebnis zu gelangen.

Keine Trance ist "besser" als die andere, aber sie ist eben doch ein wenig anders, ihre Energiequalität "fühlt" sich anders an, und es bedarf einer großen Erfahrung, damit virtuos zu spielen und die Energien stets in die gewünschte Richtung zu lenken. Diese Erfahrung kann Ihnen allerdings kein Buch vermitteln, die müssen Sie selbst sammeln. Vielleicht ist Ihnen aufgefallen, daß wir es im Grunde bei beiden Trancetypen technisch mit einer Überhöhung zu tun haben. Unter englischen Adepten kursiert seit einiger Zeit das Bonmot: "In der Magie gibt es nichts Wirkungsvolleres als den Exzess. " Das ist keineswegs als Übung im Bürgerschreckdasein gedacht; aber denken Sie an unseren afrikanischen Medizinmann, der, wie alle Schamanen, dem körperlichen und seelischen Exzess huldigt, um zu den Quellen der Magie vorzustoßen.

Das bedeutet zwar nicht, dass wir uns ständig überfordern und an den Rand des physischen und seelischen Ruins treiben, um magisch erfolgreich arbeiten zu können, doch ist andererseits in der Magie für Halbherzigkeit kein Platz. So können Sie selbst feststellen, wie weit Sie gehen müssen,
um den gewünschten Erfolg zu erreichen.

2. Suggestion und Affirmation

Die Technik der Suggestion und der Affirmation ist Ihnen vielleicht schon aus dem Positiven Denken vertraut. Wir werden später noch weitere, wirkungsvollere Techniken kennen lernen, doch sollten Sie sich im Rahmen der Magis - Schulung praktisch mit Suggestionen und Affirmationen befassen. Viele magische Praktiken müssen erst richtig "sitzen", bevor sie auch in der Sexualmagie eingesetzt werden können. Wird dies vernachlässigt, können die durch die Sexualmagie freigesetzten Energien verheerende Wirkung zeigen.
Es gibt verschiedene Arten von Suggestionen und Affirmationen, z.B. verbale und bildliche. Bei der verbalen Suggestion suggerieren Sie sich in einem Zustand der "Schwellengnosis" oder gnostischen Trance (also z.B. bei großer sexueller Erregung, während des Orgasmus oder unmittelbar danach usw.) ein gewünschtes Ziel, das Sie mit magischen Mitteln erreichen wollen. Wichtig ist dabei, dass Sie stets positiv formulieren. Sagen Sie also nicht: "Ich werde ab morgen nicht mehr krank sein", sondern: "Ich werde ab morgen gesund sein." Es hat sich nämlich herausgestellt, dass das Unbewusste Worte
wie "nicht, kein, nie" usw. oft kurzerhand aus der Suggestion streicht (oder sie nicht versteht), und was dann geschieht, können Sie sich selbst ausmalen. Die verbale Affirmation funktioniert nach einem ähnlichen Prinzip, meistens wird der gewünschte Zustand dabei allerdings bereits als gegeben formuliert, in unserem Beispiel: "Ich bin gesund." Das ist nicht jedermanns Sache, weil man oft mit dem offenen Widerspruch zwischen Ideal und Wirklichkeit Probleme bekommt und sich Zweifel einstellen, die den Erfolg der gesamten Operation in Frage stellen können.

Die bildliche Suggestion kann durchaus auch mit verbalen Formulierungen arbeiten, doch liegt ihr eigentlicher Schwerpunkt, wie die Bezeichnung schon nahe legt, auf der Bildhaftigkeit. In unserem Beispiel würden Sie also imaginieren, wie Sie kerngesund durch die Gegend springen o. ä.. vielleicht zusätzlich noch unterstützt durch eine entsprechende verbale Suggestion. Je intensiver Sie dieses Bild aufbauen, umso wirkungsvoller wird es auch sein, umso größer sind also Ihre Erfolgschancen.

Der Begriff "bildliche" Affirmation ist eigentlich etwas irreführend. Oberflächlich betrachtet scheint es zwischen bildlicher Suggestion und bildlicher Affirmation keinen Unterschied
zu geben, doch ist dieser Unterschied tatsächlich gewaltig. Überspitzt ließe sich formulieren, dass die bildliche Affirmation eine "bildliche Suggestion plus Ausmerzen jeglicher eventueller Hindernisse" ist. Das Bild wird derartig intensiv aufgebaut, dass sich eine Art Erfolgstrance" einstellt, die systematisch über Tage und Wochen aufrechterhalten wird, bis das gewünschte Ziel erreicht wird. Wichtig: Manche Leser könnten nun zu dem Trugschluss gelangen, dass die bildliche Affirmation ein systematischer Selbstbetrug ist, weil jeder Zweifel an einem möglichen Erfolg, jedes Hindernis, gewissermaßen "durch Optimismus totgeschlagen" wird.

Doch das wäre falsch gedacht. Tatsächlich ist dies eine urmagische Praktik, bei der Sie, ähnlich wie beim Schutzkreis, sämtliche störenden Einflüsse vorübergehend aus Ihrem Leben fernhalten, um der Erfolgsenergie einen entsprechenden Schub zu geben und ihr den Weg frei zu räumen. Gerade kritischen, etwas pessimistischen Menschen verlangt ein solcher "Realitätstanz", wie es die Schamanen nennen, sehr viel an Selbstüberwindung
ab.

Ein Beispiel: Sie befinden sich finanziell in einer etwas heiklen Situation. Im Rahmen eines sexualmagischen Merkur - Rituals (Merkur = Geldprinzip) konzentrieren Sie sich im Augenblick des Orgasmus auf Ihre Affirmation: "Ich bin reich. Geld fließt mir zu." Sie bannen ordnungsgemäß und beenden damit das Ritual selbst, nicht aber Ihre magische Operation, die sich nun noch mehrere Wochen hinziehen wird. Sie treten wieder in Ihren normalen Alltag ein, beginnen jedoch als erstes, Ihre Geldbörse zu zücken und das darin verbliebene Geld zu streicheln und sich an seinem Anblick zu erfreuen, auch wenn es nur noch sehr wenig sein sollte, vielleicht sogar ihr letztes, oder wenn Sie es sich irgendwo gepumpt haben. Nun gehen Sie vielleicht in ein Restaurant und geben der Bedienung ein besonders großzügiges Trinkgeld. (Nur nicht knausern, denn Sie sind ja bereits reich, wenn auch erst "im Geiste" - aber diese Unterscheidung macht die richtige Affirmation nicht, aus naheliegenden Gründen!) Die meisten Anfänger begehen den Fehler, so weiterzuleben wie bisher (in diesem Fall, in dem Bewusstsein, arm oder bankrott zu sein) und auf das magische Wunder zu hoffen, das ihnen plötzlich sämtliche Lasten von der Schulter nimmt. Nicht so Sie als geübter Affirmationsmagier:

Nach dem Essen streicheln Sie noch einmal Ihr Restgeld und sprechen leise (aber unauffällig!) mit ihm und sagen Dinge wie: "Du bist mir jederzeit willkommen. Ich mag dich. Du bist schön. Wir beide gehören zusammen." usw.
Dann schließen Sie die Augen und murmeln verzückt so etwas
wie: "Was ist denn das für ein wunderbar knisterndes Zeug, was da auf mich zukommt? Ah, das ist ja GELD!!!" Tun Sie dies auch dann, wenn Sie gar kein Geld vor dem Inneren Auge sehen sollten - solange, bis es Ihnen gelingt. Und nehmen Sie den Hinweis auf die "Verzückung" ernst, je besser Sie dieses Gefühl in sich erzeugen können, umso chancenreicher Ihre Aktion. So geht das wochenlang, bis Sie in einer totalen Geldtrance sind und dem Geld, das zeigt die Erfahrung immer wieder, gar nichts anderes mehr übrig
bleibt, als zu ihnen zu kommen. Dies wird es nicht unbedingt in Form eines Lotteriegewinns oder einer unverhofften Erbschaft tun, was freilich auch vorkommt, sondern vielleicht in Form von besonders lukrativen Geschäften, guten Arbeitsangeboten
o. ä. Lassen Sie sich durch nichts beirren, auch wenn es zunächst gar nicht so aussehen sollte, als hätten Sie Erfolg. Wenn Sie die Affirmationsmagie richtig betreiben, werden Sie dergleichen überhaupt nicht bemerken! Auf diese Weise zwingen Sie auf spielerische Weise Ihr Glück - und haben dabei noch eine Menge Spaß! Eine alberne Übung? Im Gegenteil - so werden Millionäre geboren! Versuchen Sie es selbst.

Meiner Erfahrung nach eignet sich die Affirmation eher für das Herbeiführen von Zuständen als von konkreten Ereignissen. So können Sie sich leichter in den "Zustand" eines Millionärs versetzen als eine Million im Lotto zu gewinnen.
Dann werden Sie sich vielleicht als Millionär fühlen und benehmen, ohne auf der objektiven" Ebene einer zu sein. Also doch ein Selbstbetrug?
Nein, denn je nachdem, wie sehr Sie Ihr Blatt ausreizen, werden Sie für Ihr Millionärsverhalten auch das entsprechende "Kleingeld" benötigen, und das wird dann auch erfahrungsgemäß nicht auf sich warten lassen.

Meine obige Erklärung, die Schwierigkeiten des Herbeiführens konkreter Ereignisse mit Hilfe der magischen Affirmation betreffend, bedarf einer kleinen Einschränkung: Die über Wochen und Monate aufrechterhaltene magische Affirmation kennt nämlich noch eine erfreuliche Nebenwirkung: das vermehrte Auftreten der weiter oben bereits erwähnten "Augenblicken der Kraft", in denen jede Magie wie von allein gelingt. Dann ist es auch möglich, sehr konkrete und ungewöhnlich präzise Ziele zu formulieren und kurzfristig zu erreichen, zumal dann, wenn die Angelegenheit mit dem ursprünglichen Ziel der Affirmation in inhaltlicher Verbindung steht. Doch ist dies, wie gesagt, eher eine Nebenwirkung, und nicht immer ist darauf Verlass.

Die magische Affirmation hat den Nachteil, dass sie meistens über recht lange Zeit aufrechterhalten werden muss und daß es nicht immer sehr leicht ist, mehrere Affirmationen zugleich aufrecht zu halten. Ansonsten kommt sie aber, wie auch die Sigillenmagie, mit einem Minimum an Aufwand aus. Sie verlangt nach keinen magischen Waffen und Gerätschaften, kann unabhängig von astrologischen Terminen eingesetzt werden und ist ganz allgemein eine recht "elegante" Form der Magie. Sie lässt sich gut mit der Sexualmagie verbinden, weil sie auf Fröhlichkeit und Optimismus beruht und der ekstatischen Natur sexualmagischer Operationen sehr entgegenkommt.

Achten Sie bei sexualmagischen Arbeiten darauf, dass Sie Ihre Affirmation bereits vor der Operation aufgebaut und stabilisiert haben, so dass die sexualmagische Einflussnahme der Affirmation einen entsprechend konzentrierten Schub verleihen kann. Wiederholen Sie die sexualmagischen Operationen auch mehrmals während der Affirmationsphase, sofern diese mehrtägig andauert.

Die Sigillenmagie

Mittlerweile ist die Sigillenmagie auch in der Welt der deutschsprachigen Welt nicht mehr ganz unbekannt. Eine AUSFÜHLICHE Abhandlung finden Sie im Kapitel Sigillenmagie.

Sexualmagische Imaginationsschulung Vorbemerkung:

Der Begriff "Imagination" könnte missverstanden werden. Gemeint ist damit im magischen Sinne nicht etwa nur ein bildliches "Sich vorstellen" beispielsweise einer Energie, einer gewünschten Situation, einer Ladung usw., wenngleich dies auch dazugehört. Eine Weile habe ich selbst lieber von "Visualisation" gesprochen, doch ist auch diese Bezeichnung nicht eindeutig genug. Beide Definitionen oder Umschreibungen gehen nämlich nicht auf
die Tatsache ein, dass die "Imagination" nicht nur ein rein mentaler, geistiger Vorgang ist, der gewissermaßen nur "gedankenbildlich" stattfindet; vielmehr ist die magische Imagination ein durch und durch sinnlicher Akt, die Bilder müssen also intensiv und völlig real wahrgenommen werden, ob quasi - optisch oder mit Hilfe anderer Quasi - Sinnesorgane - im Idealfall natürlich mit allen "inneren Sinnen" gleichzeitig.

Hier sollen nur einige spezifisch sexualmagische Imaginationen behandelt werden, die zu unserem eigentlichen Thema gehören. Dabei bauen wir auf bereits behandelte andere Übungen auf, um einerseits Übungszeit zu sparen und andererseits zu einer abgerundeten Praxis und Schulung zu
gelangen.

Die sexualmagische Invokation

Mit diesen Übungen begeben wir uns bereits auf das Feld der zeremoniellen Invokationsmagie, wobei wir wiederum mit einem Minimum an Zubehörauskommen wollen.

Für männliche Magier:

Meditieren Sie eine Woche lang über das Prinzip Sonne. Dazu gehört, dass Sie sich mit allen Aspekten dieses Prinzips sowie mit seinen Analogien auseinandersetzen. Beobachten Sie die physische Sonne am Himmel und richten Sie Ihren Tagesablauf danach aus. Tauchen Sie ganz ins Sonnenprinzip ein, etwa indem Sie viel Goldschmuck tragen, auf gelbe Farbtöne achten, "sonnenhaftes" Verhalten an den Tag legen usw.
Wichtig ist noch, daß Sie sich während Ihrer Vorbereitungszeit jeglicher sexueller Betätigung enthalten!

Hierzu einige Anregungen, die Ihnen stichwortartig präsentiert werden, damit Sie daraus Ihren eigenen einwöchigen "Sonnenkosmos" erschaffen können: Korrespondenzen der Sonne: Gold, Feuer, Phallus, Licht, Gelb, die Zahl sechs, Wärme, Zeugung, Reichtum, Verstand, Bewusstsein, männlich, Licht, Tag, aktiv, sengen, brennen, körperliche Gesundheit

Haben Sie sich eine Woche intensiv in eine Dauer - Sonnentrance gebracht, so sorgen Sie dafür, dass Sie einen Mittag ungestört sind und sich möglichst in die freie Natur begeben können, wo Sie Ihre Sonneninvokation durchführen können. Sollte die Arbeit im Freien unmöglich sein, so können Sie auch im Gebäude arbeiten, doch sollten Sie die Sonne dabei optisch sehen können.
Stellen Sie sich mit dem Gesicht zur Sonne auf und heben Sie die Arme, die Handflächen zum Himmel empor gestreckt. Lassen Sie sich von den Strahlen der Sonne durchfluten und nehmen Sie sie durch die Handflächen (die Sie vorher wieder durch kräftiges Gegeneinanderreiben sensibilisieren können) mit jedem Einatmen in sich auf, um sie

beim Ausatmen im Hara zu konzentrieren. Tun Sie dies mindestens eine Viertelstunde lang, auf jeden Fall aber solange, bis Sie sich voll von der Sonnenenergie durchflutet fühlen. Wenn Sie wollen, können Sie das Ganze mit einer Anrufung an die Sonne verbinden, die Sie allerdings möglichst selbst texten sollten.
Auf dem Höhepunkt der Energieaufnahme erregen Sie sich sexuell, Ihre einwöchige sexuelle Enthaltsamkeit wird Ihnen dies erleichtern.
Nach und nach sollten Sie selbst zum Sonnengott werden, was mit dem Orgasmus einen Höhepunkt erfahren soll.

Achtung: Ziel dieser Übung ist es nicht, bestimmte erfolgsmagische Ziele zu erreich en. Vielmehr sollen Sie das Sonnenprinzip in sich wecken und verankern, weil dies bei der späteren rituellen Sexualmagie und Sexualmystik von großer Wichtigkeit ist. Bannen Sie diesmal nicht durch Lachen, sondern lassen Sie nach dem Höhepunkt die Erfahrung in sich ausklingen, was unter Umständen mehrere Tage dauern kann.

Es versteht sich von selbst, dass Sie während der Sonnenarbeit magisch geschützt arbeiten, etwa indem Sie in Ihrem persönlichen Schutzsymbol stehen Versierte Zeremonialmagier werden die Operation vielleicht mit einem Kleinen Bannenden Pentagrammritual beginnen und beschließen. Sollten Sie ähnlich verfahren, so vergessen Sie nicht die abschließende Entlassungsformel! Diese können Sie selbst formulieren, sie sollte aber etwa folgenden Inhalt haben: "Ich entlasse alle Wesen, die durch dieses Ritual gebannt wurden." Das dient der "astralen Ökologie" und sorgt dafür, dass unliebsame Besucher wieder verschwinden.

Achten Sie in den folgenden Tagen und evtl. Wochen auf alles, was mit dem Prinzip d er Sonne zusammenhängt und führen Sie darüber sorgfältig Buch.

Für weibliche Magier:

Meditieren Sie eine Woche lang über das Prinzip Mond. Dazu gehört, dass Sie sich mit allen Aspekten dieses Prinzips und mit seinen Analogien auseinandersetzen. Beobachten Sie den physischen Mond am Himmel und richten Sie Ihren Tagesablauf danach aus. Tauchen Sie ganz ins Mondprinzip ein, etwa indem Sie viel Silberschmuck tragen, auf weiße und silberne Farbtöne achten, "mondhaftes" Verhalten an den Tag legen usw. Wichtig ist noch, dass Sie sich während Ihrer Vorbereitungszeit jeglicher sexueller Betätigung enthalten! Hierzu einige Anregungen, die Ihnen stichwortartig präsentiert werden, damit Sie daraus Ihren eigenen einwöchigen "Mondkosmos" erschaffen können: Korrespondenzen des Mondes: Silber, Wasser, Vagina, Dunkelheit, Weiß, die Zahl neun, Kühle, Empfängnis, Vision, Intuition, Traum, Weichheit, Unbewußtes, weiblich, Nacht, passiv, löschen, streicheln, seelische Gesundheit .

Haben Sie sich eine Woche möglichst intensiv in eine Dauer - Mondtrance gebracht, so sorgen Sie dafür, dass Sie um Mitternacht ungestört sind und sich möglichst in die freie Natur begeben können, wo Sie (ebenfalls ungestört) Ihre Mondinvokation durchführen können. Sollte die Arbeit im Freien unmöglich sein, so können Sie auch im Gebäude arbeiten, doch sollten Sie den Mond dabei optisch sehen können.

Stellen Sie sich mit dem Gesicht zum Mond auf und heben Sie die Arme, die Handflächen zum Himmel empor gestreckt. Lassen Sie sich von den Strahlen des Mondes durchfluten und nehmen Sie sie durch die Handflächen (die Sie vorher wieder durch kräftiges Gegeneinanderreiben sensibilisieren können) mit jedem Einatmen in sich auf, um sie beim Ausatmen im Hara zu konzentrieren. Tun Sie dies mindestens eine Viertelstund e lang, auf jeden Fall aber solange, bis Sie sich voll von der Mondenergie durchflutet fühlen. Wenn Sie wollen, können Sie das Ganze mit einer Anrufung an den Mond verbinden, die Sie allerdings möglichst selbst texten sollten.

Auf dem Höhepunkt der Energieaufnahme erregen Sie sich sexuell, was Ihre einwöchige sexuelle Enthaltsamkeit wird Ihnen dies erleichtern. Nach und nach sollten Sie selbst zur Mondgöttin werden, was mit dem Orgasmus einen Höhepunkt erfahren soll.

Achtung: Ziel dieser Übung ist es nicht, bestimmte erfolgsmagische Ziele zu erreichen. Vielmehr sollen Sie das Mondprinzip in sich wecken und verankern, weil dies bei der späteren rituellen Sexualmagie und Sexualmystik von großer Wichtigkeit ist. Bannen Sie diesmal nicht durch Lachen, sondern lassen Sie nach dem Höhepunkt die Erfahrung in sich ausklingen, was unter Umständen mehrere Tage dauern kann.

Es versteht sich von selbst, daß Sie während der Mondarbeit magisch geschützt arbeiten, etwa indem Sie in Ihrem persönlichen Schutzsymbol stehen Versierte Zeremonialmagierinnen werden die Operation vielleicht mit einem Kleinen Bannenden Pentagrammritual beginnen und beschließen. Sollten Sie ähnlich verfahren, so vergessen Sie nicht die abschließende Entlassungsformel! Diese können Sie selbst formulieren, sie sollte aber etwa folgenden Inhalt haben: "Ich entlasse alle Wesen, die durch dieses Ritual gebannt wurden." Das dient der "astralen Ökologie" und sorgt dafür, dass unliebsame Besucher wieder verschwinden.

Achten Sie in den folgenden Tagen und evtl. Wochen auf alles, was mit dem Prinzip der Mond zusammenhängt und führen Sie darüber sorgfältig Buch.

4.2 Die sexualmagische Invokation 2

Mit dieser Invokation leisten Sie echte sexualmystische Integrationsarbeit. Es ist dies die magische Entsprechung zur Arbeit mit Animus / Anima, wie wir sie aus der Tiefenpsychologie C. G. Jungs kennen. Gleichzeitig dient diese Arbeit als Vorbereitung auf die zielorientierte sexualmagische Invokationsmagie.

Für männliche Magier:

Verfahren Sie wie bei der sexualmagischen Invokation I , nur dass Sie diesmal den Teil für weibliche Magier bearbeiten. Sie arbeiten also nicht mit dem Sonnen - sondern mit dem Mondprinzip. Dabei handelt es sich um eine Auseinandersetzung mit Ihrer eigenen Weiblichkeit, die Ihrer gesamten Sexualität förderlich ist und Ihre magische Kraft
verstärken und stabilisieren wird, Denken Sie daran, dass der Magier stets mit Licht und Schatten arbeitet, mit männlichem und weiblichem Prinzip, mit Yin und Yang! Wichtig ist auch, Dass Sie das Weibliche physisch in sich spüren, bis hin zu einer scheinbaren Veränderung der Geschlechtsorgane!

Für weibliche Magier:

Verfahren Sie wie bei der sexualmagischen Invokation 1, nur dass Sie diesmal den Teil für männliche Magier bearbeiten. Sie arbeiten also nicht mit dem Mond
- sondern mit dem Sonnenprinzip. Dabei handelt es sich um eine Auseinandersetzung mit Ihrer eigenen Männlichkeit, die Ihrer gesamten Sexualität förderlich ist und Ihre magische Kraft
verstärken und stabilisieren wird. Denken Sie daran, dass der Magier stets mit Licht und Schatten arbeitet, mit männlichem und weiblichem Prinzip, mit Yin und Yang!

Wichtig ist auch, dass Sie das Männliche physisch in sich spüren, bis hin zu einer scheinbaren Veränderung der Geschlechtsorgane!

4.3 Die sexualmagische Invokation 3

Für männliche Magier:

Verfahren Sie wie bei der sexualmagischen Invokation 1, doch diesmal arbeiten Sie nicht mit dem Sonnen - sondern mit dem Marsprinzip. Da Sie den Mars nicht immer am Himmel ausmachen können, müssen Sie ihn imaginieren,
Es folgt nun zur Anregung eine kleine Liste der traditionellen Korrespondenzen des Mars. Korrespondenzen des Mars: Eisen, Feuer, Rot, trocken, heiß, fünf, Trieb, aggressive, durchbohrende Sexualität, Krieg, Wille, Durchsetzungskraft, Heftigkeit . .
.

Für weibliche Magier:

Verfahren Sie wie bei der sexualmagischen Invokation 1, doch diesmal arbeiten Sie nicht mit dem Mond - sondern mit dem Venusprinzip. Da Sie die Venus nicht immer am Himmel ausmachen können, müssen Sie sie imaginieren,
Es folgt nun zur Anregung eine kleine Liste der traditionellen Korrespondenzen der Venus. Korrespondenzen der Venus: Kupfer, Wasser, Grün, feucht, kühl, sieben, Empfinden, passive, auflösende Sexualität, Sanftheit, Ahnen, Hingabe, Sanftheit . . .

Die sexualmagische Invokation 4

Diese Übung entspricht im Ansatz der sexualmagischen Invokation 2. Für

männliche Magier:

Verfahren Sie wie bei der sexualmagischen Invokation 3, nur daß Sie diesmal den Teil für weibliche Magier bearbeiten, also mit dem Venusprinzip operieren.

Für weibliche Magier:

Verfahren Sie wie bei der sexualmagischen Invokation 3, nur daß Sie diesmal den Teil für männliche Magier bearbeiten, also mit dem Marsprinzip operieren. Haben Sie den Unterschied zwischen Sonne und Mars, zwischen Mond und Venus bemerkt? In manchen Aspekten gleichen sich diese Energien, und es ist wichtig, dass Sie die Gemeinsamkeiten und Unterschiede der Energiequalitäten am eigenen Leib spüren, damit Sie lernen, differenziert damit umzugehen. Wir können und wollen hier nicht auf diese Unterschiede und Gemeinsamkeiten im Einzelnen eingehen. Dem erfahrenen Planetenmagier sind sie ohnehin vertraut, der Anfänger wird sich erst in der einschlägigen Literatur mit der astrologischen Symbolik vertraut machen müssen.

Noch viel wichtiger aber ist Ihre persönliche Erfahrung. Fürs erste genügt die prinzipieller geschlechtliche Dualität Männlich / Weiblich, doch sollten Sie auf jeden Fall bemerken, dass Sonne und Mond eher einen übergeordneten, abstrakteren und geistigeren, Mars und Venus eher einen spezielleren, konkreteren und körperlicheren Aspekt der jeweiligen Prinzipien verkörpern.

Sie können und sollten die Invokationen dadurch unterstützen, dass Sie beim herab rufen der Energien und bei der Einswerdung mit ihnen sich selbst in der entsprechenden Gestalt imaginieren: als Sonnengott also etwa mit strahlendem blondem Haar und von kräftiger, Bronze schimmernder Statur, als Mondgöttin dagegen mit langem, silbrigem Haar, mit ätherischen, schimmernden Zügen usw. Dies gehört ganz allgemein zur magischen Invokationstechnik und schult zudem die Imagination, ja die Imagination dient nicht zuletzt zur Verbesserung der Invokationstechnik.

Ein Hinweis für die fortgeschrittene Praxis: Selbstverständlich , sind Invokationen kein Selbstzweck. Am Anfang wird der Adept sie
vornehmlich praktizieren, um sich mit den jeweiligen Energien aufs engste vertraut zu machen. Später jedoch wird er zur entsprechenden Gottheit, um als diese zu handeln und sein magisches Werk zu vollbringen. Wenn Sie ein magisches Ziel haben, das einem bestimmten Planetenprinzip zugeordnet wird, so werden Sie natürlich mit diesem arbeiten. Durch eine korrekte (will sagen: gelungene) Invokation werden Sie zur Verkörperung der jeweiligen
Energie und können sie als ihr Herrscher bzw. ihre Herrscherin ans gewünschte Ziel lenken. Dies ist die Magie des Willens im Gegensatz zur Mystik des Gebets. Es ist eben ein Unterschied, ob Sie das Jupiterprinzip darum anflehen, Ihnen etwas Bestimmtes zu gewähren, oder ob Sie selbst zu Jupiter werden, der das Gewünschte kurzerhand
befiehlt.

Beide Methoden haben natürlich ihre Vor - und Nachteile, und oft ist es eine Frage der jeweiligen Zeitqualität, welche dem Magier geeigneter erscheint. Zum sexualmagischen Aspekt der Invokationsmagie ist noch zu bemerken, dass natürlich nicht jede invokatorische Arbeit unbedingt sexualmagisch erfolgen muss. Es ist jedoch sehr sinnvoll, die betreffenden Energien auf sexualmagische Weise in der magischen Persönlichkeit zu verankern; dies kürzt erfahrungsgemäß eine oft Monate - und jahrelange Arbeit auf wenige Wochen ab, da sich die Sexualmagis als besonders kraftvoll und wirksam erwiesen hat und das Unbewusste des Magiers gerade die sexualmagischen Assoziationen am gründlichsten und schnellsten aufnimmt.

1. Orgasmus - ja oder nein?

Schon in den zwanziger Jahren wurde, vor allem in der deutschsprachigen Magieliteratur, viel Aufhebens um die Vermeidung des Orgasmus gemacht. Beeinflußt in erster Linie von östlich - tantristischem Gedankengut, suchten die Autoren bereits vor über sechzig Jahren nach einer neuen (und zugleich doch auch uralten) Form der Sexualität, ja des Eros schlechthin. Später wurde die Methode des "Karezza" entwickelt, die schnell eine große Bekanntheit erreichte und unter Okkultisten hoch geschätzt war.

Auch heute kennen wir durch die moderne Tantra - Literatur das Primat der Orgasmusvermeidung. Der männliche Samen, so wird schon seit Jahrtausenden argumentiert, sei viel zu kostbar und energiegeladen, um sinnlos vergeudet zu werden. Durch rituelle Sexualität bei gleichzeitiger Orgasmusverhinderung versuchen die Tantrika, die Unio mystica zu erzielen, die bei ihnen als die "Vereinigung von Shiva mit Shakti" bezeichnet wird; dabei wird die im Wurzelchakra schlummernde Kundalini geweckt und den mittleren Wirbelsäulenkanal (Sushumna) emporgelenkt, um im "tausendblütigen Lotos", dem Scheitelchakra mit ihrem weiblichen Gegenpart eins zu werden. "Shiva shakti atmaka brahma" heißt es in einem zeitgenössischen Tantra - Text, dem Anandasutram von Anandamurti: "Brahman (die höchste Gottheit) ist die Vereinigung von Shiva mit Shakti." Gott oder das höchste Prinzip wird also als Einswerdung von Männlich und Weiblich, als Überwindung auch der geschlechtlichen Pole begriffen und erfahren - ein Konzept, das sich ebenfalls in der abendländischen Alchemie und Mystik findet, ob wir die Vereinigung von "Adam dem Roten" mit "Eva der Weißen" betrachten, den Androgyn - Kult, der beiden Richtungen eignete, oder manche verketzerte Sekten und Systeme, die Männliches und Weibliches auf gleichberechtigter Grundlage auch in ihren Kosmogonien zueinander stellten, z.B. die "gnostische Syzygie" (= Vereinigung, Konjunktion) von Simon und Helena, der Marien - und Minnekult der höfischen und nachhöfischen Zeit usw.

Die chinesische Kultur entwickelte, mit einiger Sicherheit unter indischem Einfluß, die sogenannte "Innere Alchemie" des Taoismus, auch "Taoistische Alchemie" oder "Tao Yoga" genannt, bei der es vor allem um die Verlängerung des physischen Lebens durch die Verhinderung des Samenergusses, aber auch um die mystische "Vereinigung von Himmel und Erde" ging.

Diese Alchemie ist eng verwandt mit der die gesamte chinesische Philosophie durchziehenden Meridianlehre der Akkupunktur, so daß sie schwerpunktmäßig mit dem Ching Chi "Sexualchi", ähnlich "Sexualprana" oder "Sexualmagis") arbeitet. Anders als Kundalini Yoga und Tantra, zielt der Tao Yoga nicht allein darauf ab, die Sexualenergie die Wirbelsäule emporzuleiten, er führt sie vielmehr vorne den Körper entlang wieder zu ihrem Ursprung hinab, wobei sie durch das Aufsteigen verfeinert und danach zum größten Teil in der Bauchnabelgegend gespeichert wird (= Kleiner Energiekreislauf) . Ebenso ist, darin wiederum ähnlich dem Tantra, der Austausch von Sexualenergie mit Partnern möglich.

Vielleicht ist Ihnen aufgefallen, dass wir gerade "Orgasmus" mit "Samenerguss" gleichgesetzt haben. Damit wollten wir auf ein Dilemma hinweisen, das die meisten östlichen Sexualsysteme kennzeichnet. Erstens wird fast immer nur die männliche Sexualität in Betracht gezogen, die weibliche wird verschämt verschwiegen oder mit undeutlichem, ausweichendem Gemunkel überzogen. So wird zwar eingehend über die Notwendigkeit der männlichen Samenverhaltung doziert, für weibliche Adepten jedoch gibt es nur wenig Rat. Gelegentlich wird bei der Gleichsetzung von Orgasmus und Samenerguss auch einfach eine Ejakulation der Frau postuliert, die ebenso zu vermeiden sei. Nun kommt es zwar durchaus vor, dass Frauen auf dem Höhepunkt ejakulieren wie Männer (besonders bei Reizung des so genannten "G - " oder "Grafenberg - "Punkts), aber die Regel ist dies nun auch nicht gerade, während der männliche Orgasmus in diesen Systemen stets mit der Ejakulation gleichgesetzt wird.

Wir wollen hier etwas ausführlicher auf diese Thematik eingehen, weil sie nach wie vor Anlass zu zahllosen Missverständnissen und oft fatalen Fehlern in der magischen Praxis bietet. Beginnen wir mit der Gleichsetzung "(männlicher) Orgasmus = Ejakulation". Sicherlich lässt sich der Orgasmus des Mannes am leichtesten an der Ejakulation erkennen, und er ist auch am einfachsten dadurch zu unterbinden, dass der Praktikant die Ejakulation verhindert - doch geht es wirklich darum, den Orgasmus zu vermeiden? Und müssen Ejakulation und Orgasmus tatsächlich miteinander identisch sein?

Um die erste Frage beantworten zu können, müssen wir uns zuerst mit der zweiten befassen. Nicht erst seit kurzem sind sich die Forscher und Experten keineswegs darüber einig, dass Orgasmus und Ejakulation identisch sind. Dazu hat nicht zuletzt auch die verstärkte wissenschaftliche Beschäftigung mit dem Orgasmus der Frau beigetragen, der doch um einige Grade nuancenreicher und komplizierter ist als der männliche.

Leider wird aber bis heute ein Phänomen nicht hinreichend ernst genommen, das viele Menschen kennen, die eine gesunde (also störungsfreie) Sexualität leben: nämlich der männliche Orgasmus ohne Ejakulation. Wer ihn kennt und erlebt hat, der weiß, dass er sich vom herkömmlichen, ejakulatorischen Orgasmus dadurch radikal unterscheidet, dass er nicht wie dieser nur die Geschlechtsorgane allein berührt (oder vielleicht allenfalls noch ein Stück die Wirbelsäule und die Bauchdecke emporschießt), sondern den ganzen Körper erfasst. Man nennt diesen nichtejakulatorischen auch den "Ganzkörper" - oder "Tal" - Orgasmus, während der herkömmliche, ejakulatorische Orgasmus als "Genital" - oder "Gipfel" - Orgasmus bezeichnet wird.

Die Bilder vom Tal und vom Gipfel zeigen auch deutlich die unterschiedliche Energiequalität dieser beiden verschiedenen Orgasmen an: Während der ejakulatorische Orgasmus in einem kurzen Höhepunkt "gipfelt" und danach die Erregung, wie einen Berghang hinunter gleitend, abfällt, bewegt sich der nicht ejakulatorische Talorgasmus auf einem zeitlich in die Länge gezogenen, gleich bleibenden Energieniveau der Erregung ohne Kurvenberge und - Täler. Man hat dabei das Gefühl, unter Hochspannung zu stehen und ist oft sogar ganz froh, wenn die Empfindung irgendwann schließlich ausklingt, nicht etwa weil sie unangenehm wäre, im Gegenteil, sondern weil sie oft geradezu unerträglich schön sein kann und weil man schnell das Gefühl bekommt, daß die Nervensicherungen bald durchbrennen werden. Genau genommen haben wir es dabei mit einer kontrollierbaren Form des sogenannten "Kundalini - Syndroms" zu tun, wie es etwa Gopi Krishna in seinem Klassiker Kundalini geschildert hat. Dieser Zustand gleicht auch Crowleys Eroto - komatoser Luzidität", der wir weiter unten noch einen "eigenen Abschnitt widmen werden, wenngleich diese auch auf anderem Wege erreicht werden kann.

Meines Wissens hat sich bisher kein Autor so präzise und eindeutig zum Talorgasmus und seinen körperenergetischen Zusammenhängen geäußert, wie dies der schon erwähnte Mantak Chia in seinen beiden Werken Tao Yoga und Tao Yoga der Liebe tut. Deshalb seien sie auch jedem empfohlen, der sie noch nicht gelesen haben sollte und sich für körperorientiertes Sexualweistum interessiert. Chia macht deutlich, daß nur die uralte Forderung nach Vermeidung des Samenverlustes den eigentlichen Kern der Sache trifft, während der Orgasmus selbst keineswegs ausgeschlossen bleiben soll. Im Gegenteil, gerade durch den Talorgasmus gelangt der Adept leichter zu dem, was der chinesische Taoist die "Vereinigung von Himmel und Erde" nennt, entsprechend der Verschmelzung von Shiva und Shakti im Kunda lini Yoga und Tantra.

Wenn wir also zu diesem neuen, uns bisher vielleicht unvertrauten Orgasmus - Zustand finden, wird die Ejakulation sogar überflüssig, die im Samen enthaltenen Energien werden nicht vergeudet, sondern vielmehr im Körper verfeinert und gespeichert.

Allerdings ist auch Chia nicht immer frei von Widersprüchen: So warnt er beispielsweise davor, die ejakulationsmeidende Sexualität als auschließliches Mittel der Geburtenkontrolle zu benutzen, weil der Samen (sollte es doch einmal schief gehen) nach seiner langen Einbehaltung besonders zeugungsfreudig und kräftig sei. Andererseits sagt er (auf derselben Seite!), dass er zur geplanten Zeugung seines Sohnes zunächst einmal masturbatorisch ejakuliert habe, um den verbrauchten, kraftlosen Samen zu beseitigen und an seine Stelle neuen, frischen und zeugungskräftigen treten zu lassen. Außerdem ergeht er sich in einigen ziemlich skurril anmutenden Berechnungen darüber, wie viel Liter Samen ein durchschnittlich häufig ejakulierender Amerikaner im Rahmen ein es statistisch durchschnittlich langen Lebens verliert. Angesichts der wertvollen Rohstoffe und Spurenelemente, die im Ejakulat enthalten seien, so warnt Mantak Chia etwas blauäugig, sei es doch wohl klar, wie gefährlich der Samenverlust sei und welchen Raubbau an den Körperreserven er bedeute.

Meiner Meinung verrät eine solche quantitative Vorgehensweise vor allem, dass der Autor seinen esoterischen Frieden mit der Naturwissenschaft noch nicht gemacht hat. Doch Anbiederung an die Macht im weißen Kittel ist keine Lösung. Es ist einfach Unfug, allein anhand der winzigen Mengen von Spurenelementen, die im Ejakulat verloren gehen mögen und die zudem mit der Nahrung ständig wieder aufgenommen werden, vorzeitige Alterungs- - und Zerfallserscheinungen erklären zu wollen. Das ist um so absurder, als bei den von Mantak Chia geschilderten Praktiken der Samen ja keineswegs wirklich "einbehalten" wird, vielmehr wird er fast immer inwendig in die Blase ejakuliert und mit dem Harn ausgeschieden, von "Spurenelementsicherung" also keine Spur! Dieser Kritikpunkt ist zu beachten, wenn Sie sich mit Chias ansonsten vorzüglichen Werken beschäftigen.

Ähnlich obskure Empfehlungen finden wir übrigens auch in herkömmlichen Tantra - und Yoga - Texten. So werden beispielsweise in der berühmten Hatha Yoga Pradipika (dem Standardwerk des körperlichen Yoga) Praktiken geschildert, bei denen der Yogi mit Hilfe bestimmter Atemtechniken und Muskelkontraktionsübungen Flüssigkeiten mit seinem Glied aufzusaugen lernt; all dies für den Fall, dass er beim sakralen Akt trotz aller Kontrolle doch seinen Samen verlieren sollte. Dabei fragt man sich allerdings, ob ein Yogi, der über eine derartige Körperbeherrschung gerade im Bereich der Geschlechtsorgane verfügt, nicht ebenso leicht die Ejakulationskontrolle allein zu praktizieren vermag.

Es drängt sich schnell der Verdacht auf, dass diese Körperübungen eher einer allgemeinen Disziplinierung und - vor allem! - Entromantisierung des Geschlechtlichen dienen, als einem echten "Energie - Recycling"!
Interessanterweise scheidet Mantak Chia, und nicht nur er allein, zwischen "Samenwasser" und "Samen". Das Samenwasser, jene durchsichtige Flüssigkeit, die dem Samenerguss oft vorhergeht und ihm nicht selten auch folgt, gilt Chia als nährstoffarm, so dass ihr Verlust nicht weiter ernstzunehmen sei. Er bemerkt auch, was die Praxis oft bestätigt, dass selbst bei einem nichtejakulatorischen Talorgasmus dieses Samenwasser gelegentlich in geringen Mengen immerhin ausgeschieden wird. Offenbar fühlt er sich aber auf diesem Boden ziemlich unsicher, so dass er nicht weiter darauf eingeht.

Vom magischen Standpunkt lässt sich dieser Konflikt relativ einfach lösen, wie mir scheint. Es stimmt wohl, daß der Sexualakt oft mit einem Energieverlust (übrigens keineswegs nur männlicher seits!) einhergeht und dass dies verhindert werden kann. Dabei geht es jedoch nicht so sehr um den physischen Samen, als um seine feinstofflichen Bestandteile, die es zu "retten" gilt. Mit anderen Worten: Wenn man dem Samen nach der Ejakulation sein Ching Chi, Prana oder seine Sexualmagis entzieht, so bleibt eine relativ wertlose Hülse zurück, deren Verlust der Organismus getrost verkraften kann, solange die so genannte "Sexualessenz", wie man das Ching Chi auch nennt, erhalten bleibt. Dazu bedarf es freilich keiner aufwendigen Fakirübungen mit dem Harnleiter, die zudem den Nachteil haben, recht gefährlich für den gesamten Blasen - Gallen - Trakt und die Geschlechtsorgane zu sein. Es genügt, die Energie mit dem Einatmen mental wieder aufzunehmen und in den Kleinen Energiekreislauf einzuspeisen. Beim sexualmagischen Akt wird die Sexualmagis bewusst auf die so genannte "feinstoffliche Ebene" geleitet, um dort tätig zu werden, sie geht also allenfalls vorübergehend verloren und kehrt in Form des gewünschten Erfolgs zum Magier zurück. Hierbei handel es sich also um eine
bewusste Energieumwandlung oder alchemistische Transmutation, also keineswegs, wie beim normalen, nichtmagischen Sexualverkehr, um eine Vergeudung.

Die Verwechslung der feinstofflichen Ebene mit der grobstofflichen ist nicht neu. Sie tritt meistens dann ein, wenn Magier oder Esoteriker versuchen, es der Naturwissenschaft recht zu machen und um ihre Anerkennung zu buhlen. Dann werden gern grobstoffliche Punkte gesucht, die mit den feinstofflichen identisch seien. So wurden etwa die Chakras den Drüsen zugeordnet, elektromagnetische und andere Strahlen oder Energien wurden und werden postuliert, um dem Feinstofflichen einen grobstofflichen Anstrich zu geben, so
als sei alles dasselbe.

Doch ist dies, wie gesagt, ein sehr altes Phänomen; das auch schon in Epochen zu beobachten ist, die nicht so streng naturwissenschaftlich
ausgerichtet waren wie die unsere. Bei einem Yoga, der sein Konzept vom Prana ernst meint und zudem womöglich ohnehin auf der Maya - Lehre des Hinduismus fußt, nimmt es doch recht wunder, wenn nach allem feinstofflichen Getue plötzlich allein im grobstofflichen Samenverlust allein das Unheil gesehen wird. Nein, ich bin der Überzeugung, dass hier teilweise bewusst und absichtlich, teilweise aber auch unbewusst
und ohne Hintergedanken ein Vorurteil und Missverständnis festgeschrieben wurde und wird, das den eigentlichen, den wirklichen Schlüssel zur Sexualmagis verschleiert:

Nicht der grobstoffliche Samenverlust ist zu vermeiden - die im Samen enthaltene feinstoffliche Energie ist zu bewahren, zu verfeinern und zu speichern oder in magische Erfolgsenergie umzuwandeln. Auf jeden Fall verlangt die magische Sexualität nach einem bewussten Umgang mit den feinstofflichen Kräften.

Ich bin der Meinung, und meine eigene Praxis sowie die zahlreicher Magierkollegen bestätigt es immer wieder, dass die physische Samenentladung nicht das eigentlich zu Vermeidende ist, sondern der unbewusste, unmagische Umgang mit der im Samen befindlichen Sexualmagis. Doch ist auch dieser Gedanke nicht ganz neu. Ähnliches finden wir, sofern wir den Quellen (die allerdings meist aus der Feder ihrer Gegner, der christlichen Kirchenväter stammen) glauben dürfen, bei den Sexual - Gnostikern im Späthellenismus:
Diese pflegten beispielsweise, wie berichtet wird, bei rituellen Orgien
die Sexualsekrete auf den Handflächen zu verteilen, die Hände nach oben zu richten und
mit ihnen Energie {meist aus der Sonne) aufzunehmen. Auch Crowleys Praktik beruhte auf diesem Grundprinzip, wie wir nun sehen werden.

Eroto - homatose Luzidität

Hinter diesem schrecklichen Wortungetüm verbirgt sich eine Erfahrung, die dem Menschen wahrscheinlich seit Urzeiten bekannt ist: das Erlebnis nämlich, dass Sexualität nicht nur schwächen, sondern im Gegenteil sogar erheblich aktivieren und beleben kann.

Das Pendel scheint mal wieder zwischen den Extremen zu schwingen: Hier die Verfechter einer völligen Sameneinbehaltung, die in der Ejakulation den Gipfel des Verschleißes sehen; dort dagegen die Schule, die gerade im Samenausstoß das verjüngende Element sieht, da dieser die Keimdrüsen aktiviere und dadurch den ganzen Körper hormonell

belebe. Die Bezeichnung "Eroto - komatose Luzidität", sie stammt von Crowley, hat drei Bestandteile, die wir uns näher anschauen wollen. "Eroto" weist darauf hin, dass mit Sexualkraft gearbeitet wird. Das Wort "komatose" legt das Koma nahe, also die Bewusstlosigkeit. Tatsächlich ist damit die Trance gemeint, wie wir sie schon kennen gelernt haben. Die "Luzidität" ist ein Zustand der Hellsichtigkeit, der Überwachheit oder, wie man es auch ausdrücken könnte, der gesteigerten Bewusstheit. So meint Crowleys Bezeichnung eigentlich nichts anderes als die "durch Sexualkraft herbeigeführte magische Trance". Eine solche Sexualtrance, die sich nicht in der eigenen Auflös ung verliert, wie dies bei den meisten Menschen der Fall ist, kann nicht nur stärken, sie fördert

sogar hochgradig, wie Crowley mannigfach ausgeführt hat, die Kreativität und die Leistungsfähigkeit, mithin auch das, was man früher recht zutreffend die "Spannkraft" nannte.

Dies geschieht bei Crowley in der Regel durch Überreizung, also durch eine übermäßige sexuelle Betätigung, was technisch einer sexualmagischen Erschöpfungstrance entspricht.

Vor allem künstlerischen Naturen ist dies kein Geheimnis: Austin Osman Spare war ebenso für seine starke sexuelle Betätigung bekannt wie Picasso, der Schriftsteller Henry Miller genauso wie sein Kollege Georges Simenon; Schauspieler, Tänzer, Musiker - sie alle, männlich wie weiblich, wissen, sofern sie wirklich talentiert oder "begnadet" sind, um das "Kraftwerk Sexualität", das in uns schlummert. Dabei geht es jedoch nicht um die Sexualität als Lock - und Herrschaftsmittel, das man zur Manipulation anderer durch Ausnutzung ihrer Begierden verwenden kann, denn das wäre bloße Veräußerlichung. Vielmehr ist damit die in der Sexualität enthaltene (und diese überhaupt erst hervorbringende) Vitalkraft gemeint, der die Menschheit schon zahllose Namen verliehen hat: Prana, Chi, Manas, Äther, Vril, Od, Kia, Magis usw.

Warum aber überhaupt die Ejakulation beim sexualmagischen Akt? Nun, der Magier arbeitet gern mit tiefgehenden, kraftvollen Bewusstseinszuständen. Auch wenn er die Volltrance wegen des ihr innewohnenden Willensverlusts meistens ablehnt, wird er sich, wie der Schamane auch, dennoch der Volltrance annähern, so weit es nur geht, wenn er eine wichtige Operation durchführen will. Ja gelegentlich verstößt er sogar gegen seine eigene Regel und sucht ganz bewusst die Volltrance, allerdings nicht ohne eine andere Person seines Vertrauens zur Aufsicht bestellt zu haben. Die Besessenheitstechniken von Voodoo, Macumba, Canomble, Santeria usw. arbeiten sogar sehr stark mit der Volltrance, die allerdings eher einer gezielten Invokation bei gleichzeitigem Bewusstseinsverlust entspricht, da nicht willkürlich in Trance gegangen werden soll - zumindest was die Priesterinnen und Priester selbst angeht. Eine der am schnellsten zu erreichenden und wirkungsvollsten Volltrancen aber kann der Augenblick der Ejakulation und des Orgasmus sein, auch wenn diese Trance nur Sekundenbruchteile dauern mag. Je tiefer die Trance, umso stärker, so heißt es, die Magis.

In diesem Punkt ist die Sexualmagie sogar viel ungefährlicher als andere magische Systeme: Denn der Orgasmus ist eine völlig natürliche Form der Trance, er muss nicht erst mit den oft sehr drastischen Mitteln erreicht werden, wie sie - vor allem in schamanischen Kulturen - häufig eingesetzt werden, um zu einem anderen Bewusstseinszustand zu gelangen.

Voraussetzung für den Gebrauch des Orgasmus ist allerdings, dass dieser möglichst verlängert werden sollte. Wenn wir den Augenblick des Höhepunkts mit unserem magischen Willenssatz impfen", ist es immer sehr hilfreich, wenn er nicht zu schnell "vorüber geht. Sie können dies auch dadurch erreichen, dass Sie versuchen, ihn mit geistiger Kraft zu steigern, ihn noch intensiver zu machen. Diese Intensivierung selbst ist zwar gar nicht das eigentliche
Ziel, doch werden Sie auf diesem Weg erfahrungsgemäß zu einer Orgasmusverlängerung gelangen, und eine eventuelle weitere Intensivierung ist keineswegs unerwünscht.

Der Orgasmus ist ein Zeitpunkt, da die Dämme zwischen Bewusstsein und Unbewusstem brechen und ein unmittelbarer Zugang zu den tieferen Schichten der Seele möglich ist. Die Ejakulation selbst entspricht vom (gewissermaßen archetypischen) Gefühl her einem Vorstoß, einem Hervorschleudern des magischen Willens und der durch ihn gepolten Magis. Da das Ejakulat beim Mann der stoffliche Träger dieser Energie ist, wie das Sexualsekret der Frau auch, leuchtet es ein, dass wir uns seiner schon aus Gründen der Symbol - Logik bedienen, um es beispielsweise zur Ladung auf Talismane, Amulette, Pentakel usw. zu geben, um die Kraft symbolisch oder sympathiemagisch zu übertragen.

Es versteht sich natürlich, dass dem Samen (wie auch dem weiblichen Sekret oder Ejakulat) die Energie nicht entzogen wird, wenn wir einen äußeren Gegenstand mit Sexualmagis laden wollen. Aktivieren wir dagegen Willenssätze, etwa mit Hilfe der Sigillenmagie, so nehmen wir die im Ejakulat oder Sekret enthaltene Sexualmagis durch mentale und feinenergetische Praktiken wieder in uns auf, um sie im Körper zu speichern bzw. die "innere Ladung", also die Aktivierung damit durchzuführen.

Ein Vorzug des Gipfelorgasmus gegenüber dem nichtejakulatorischen Talorgasmus ist auch der, daß der Talorgasmus nur selten wirklich bewusst herbeigeführt werden kann, wenn dem nicht zuvor eine gründliche, oft jahrelange Schulung vorausgegangen ist. Mantak Chia bestreitet zwar geradeheraus, dass eine solche Schulung möglich sei, doch wird dies durch die Praxis nicht immer bestätigt. Oft genügt bereits der Wille zur Ejakulationsvermeidung, um die Sexualmagis in einen Talorgasmus umzulenke n, doch bedarf dies, wie gesagt, der Übung und Erfahrung. Die folgenden Hinweise dienen dem bewußten magischen Umgang mit dem Orgasmus und der Sexualmagis und gelten für alle im weiteren beschriebenen Formen der magischen Sexualität.

Das oben Gesagt gilt weitgehend nicht nur für den männlichen, sondern auch für den weiblichen Genitalorgasmus. Dies wird aus dem folgenden noch deutlicher und in seinen Bezügen zur Praxis verständlicher werden.

Der magische Umgang mit dem Genitalorgasmus

(Diese Hinweise gelten für männliche wie weibliche Magier.)

Grundsätzlich ist der Genitalorgasmus bei der westlichen Sexualmagie die Regel und keineswegs, wie im Tantra, die Ausnahme! Wenn Sie hinreichend Vorarbeit geleistet haben (siehe vorhergehendes Kapitel), so sollte es Ihnen eigentlich leicht fallen, den präzisen Augenblick des Höhepunktes abzufangen und für die Magie zu nutzen. Weil sich dies bei der Masturbation am leichtesten durchführen lässt, beginnen wir unsere Praxis auch mit den autoerotischen Techniken.

Nun zum eigentlichen Vorgehen:
Sie wissen bereits, daß wir den magischen Akt definieren als: Willenssatz + Imagination + gnostische Trance". Die Arbeit " am Willenssatz (ob sigillenmäßig oder anders) geht der eigentlichen Operation voraus, ist aber einer ihrer wichtigsten Bestandteile.

Die gnostische Trance erreichen Sie beim Orgasmus (beim genitalen wie beim Ganzkörperorgasmus) gewissermaßen von allein, sofern Sie die Kontrolle behalten und nicht einfach in die Besinnungslosigkeit abgleiten, wie das allerdings bei den meisten Menschen der Fall ist. Durch gründliche Selbstbeobachtung werden Sie jedoch die Zeichen erkennen lernen, mit denen sich der Orgasmus ankündigt. Von größter Wichtigkeit ist dabei, dass Sie nicht sofort bis zum "Punkt ohne Wiederkehr" vorstoßen, sondern vorher kurz verhalten. Damit gewährleisten Sie sowohl die Verlängerung als auch die Intensivierung des Orgasmus, der erfahrungsgemäß nach einer gewissen Verhaltung stets kraftvoller wird. Sie müssen nämlich im Augenblick des Höhepunkts bereit für Ihre Ladung oder Aktivierung sein: die Sigil muss beispielsweise bereit liegen oder noch visualisiert werden, das Mantra soll im richtigen Augenblick kraftvoll ausgesprochen, die gewünschte Situation soll in voller Intensität imaginiert, Energie soll auf eine bestimmte Weise gepolt und ans Ziel gelenkt werden usw.

Aus diesem Grund dürfen Sie bei jeder Sexualmagie nie vom Orgasmus plötzlich überrascht und überwältigt werden. Dies schulen Sie im Bedarfsfall am besten mit den geschilderten Techniken der Orgasmusverzögerung.

Je länger sich der eigentliche Orgasmus in die Länge zieht, umso mehr Zeit haben Sie also für Ihre magische Operation selbst. Erwarten Sie jedoch keine Wunder: Wenn Ihr Orgasmus beispielsweise für gewöhnlich nur eine halbe Sekunde anhält (dies ist ein willkürlich gewähltes Zahlenbeispiel!), so wäre eine Verlängerung auf "nur" eine volle Sekunde bereits eine beachtliche Leistung, nämlich eine Steigerung um 100 %, mit der Sie voll zufrieden sein können.
Natürlich sollen Sie die Länge des Orgasmus nicht mit der Stoppuhr messen, es handelt sich dabei ohnehin nur um ein subjektives Zeitempfinden. Bekanntlich wird die Zeitwahrnehmung beim Orgasmus stark verändert, so daß selbst eine halbe Sekunde subjektiv wie eine ganze Ewigkeit wirken kann, gerade dies macht ja nicht zuletzt auch den Reiz der Sexualität aus.

Etwas vereinfacht beschrieben, sieht der Vorgang also folgendermaßen aus: Sie beschließen eine sexualmagische Operation durchzuführen, und formulieren Ihren Willenssatz, Ihr Bild, fertigen Ihren Talisman an, Ihre Sigil oder was auch immer. Dann aktivieren Sie mit sexuellen Mitteln Ihre Sexualmagis, um sich im Augenblick des Gipfelorgasmus ausschließlich auf Willenssatz, Bild, Sigil usw. zu konzentrieren. Dieses "Konzentrieren" ist jedoch kein reines "aufmerksames Überdenken", sondern eben eine totale Imaginierung bei der beim Könner der gesamte Organismus beteiligt ist.

Nun ist der Augenblick des Genitalorgasmus nicht immer so eindeutig zu bestimmen, wie dies vielleicht wünschenswert wäre. Es drängen sich einige Fragen auf: ob erst er Moment des intensivsten Spasmus (dem immerhin ganz unerwartet noch weitere, noch intensivere folgen können, so dass man ihn nicht unbedingt sofort, und noch seltener vor seinem Eintreten zweifelsfrei erkennen kann), ob man dem Orgasmus wirklich gerecht wird, wenn man ihn auf einen einzigen Höhepunkt reduziert sieht. Tatsächlich ist der Orgasmus, auch der genitale, natürlich ein Prozess, wenngleich ein viel kürzerer und einspitzigerer als der Talorgasmus. Diesen Prozess gilt es in seiner Gänze zu nutzen. So beginnen wir mit der magischen Operation ja auch nicht erst im Augenblick des Höhepunkts, wir arbeiten vielmehr darauf hin, damit sich Höhepunkt der Operation und orgastischer Höhepunkt optimal decken. Dies ist eine Sache der Erfahrung, die Ihnen leider niemand abnehmen kann.

Zum Trost sei jedoch gesagt, dass man erfahrungsgemäß bereits sehr gute Erfolge mit einer "Ungefähr - Terminierung" erzielen kann, also auch dann, wenn der Höhepunkt der Imagination beispielsweise einen Zeitbruchteil nach dem sexuellen Höhepunkt eintritt, seltener allerdings, wenn er ihm vorhergeht. Insofern ist es im Falle der Unsicherheit sicherlich sinnvoll, den eigentlichen Höhepunkt abzuwarten, bis er sich eindeutig ankündigt, um sich dann gewissermaßen mit seiner Imagination in seinen Kraftstrudel zu werfen. (Ein Bild, das tatsächlich oft in ebendieser Form erfahren wird!) Die wirkliche Feinabstimmung, die tatsächlich auch die größte Erfolgsaussicht hat, ist, wie gesagt, eine Frage der Praxis.

Ein bisher noch nicht erwähnter Vorteil des Genitalorgasmus gegenüber nichtsexualmagischen Praktiken ist unter anderem der, dass das aufwendige, langwierige Aufrechterhalten geistiger Bilder oder ihre ständige Wiederholung entfällt (wie dies etwa beim Positiven Denken und bei der rein imaginativen Mentalmagie der Fall ist).

Es ist nämlich erstaunlicherweise oft gar nicht erforderlich, im Bereich der Imagination (und schon gar nicht der Visualisation) perfekt zu sein, bevor man Magie praktizieren darf. Wie auf allen Wissensgebieten gilt auch hier der Satz, dass erst die Übung (und nicht das reine Trockenschwimmen!) den Meister macht. Um auf unser früheres Bild von der Fahrausbildung zurückzugreifen: Gewiss ist der frischgebackene Führerscheinbesitzer in der Regel verkehrstechnisch noch lange nicht so leistungsfähig wie ein Berufskraftfahrer mit dreißig Jahren Praxis und Erfahrung.

Doch kann er mit diesem eben nur dadurch gleichziehen, dass er fährt, fährt und fährt, und nicht etwa dadurch, dass er weiterhin die Theorie der Kfz - Lenkung und der Automechanik studiert, zu Hause im Ohrensessel das "Fahren" übt und sich ansonsten noch nicht" auf die Straße traut. "Seien Sie also nicht frustriert, wenn Ihnen bei der Sexualmagie immer wieder Stolpersteine auf dem Weg begegnen, die sich nur mühsam bezwingen lassen: das gehört dazu! Und halten Sie sich vor Augen, dass die Sexualmagie immerhin den schon erwähnten Vorzug besitzt, nicht erst nach einstündigem reglosem Verharren im Lotussitz mit einer randvoll gefüllten Wasserschale auf dem Kopf zu verlangen, von der nicht ein einziger Tropfen verloren gehen darf. Nichts gegen diese spezielle Übung (sie stammt übrigens von Crowley und wurde in seinem Orden Argenteum Astrum bei der Neophytenschulung verwendet), ich empfehle sie sogar gelegentlich meinen persönlichen Schülern, weil sie die Körperbeherrschung ebenso trainiert wie Sie die Gedankenkontrolle und weil sie den Umgang mit feinstofflichen Körperenergien fördert; aber sie ist keineswegs Grundvoraussetzung für jede Magie, und schon gar nicht für die Sexualmagie!
Seien Sie also so sorgfältig und gewissenhaft wie möglich, aber quälen Sie sich nicht sinnlos durch Disziplinübungen, deren Wert Sie nicht einsehen und die nicht unbedingt zum gewünschten Ziel führen. Finden Sie vielmehr selbst Ihre Stärken und Schwächen heraus, und arbeiten Sie entsprechend daran.
Schließlich bringt auch nicht jeder die gleichen körperlichen und geistigen Voraussetzungen für die Magie mit, und was dem einen seine Eule, ist dem anderen seine Nachtigall, wie der Schamane zum Thema "Krafttiere" immer sagt

Schließlich wollen wir noch auf einen Aspekt eingehen, der in der sexualmagischen Literatur gelegentlich eine Rolle spielt: die "Lust - Opferung" beim magischen Sexualakt. Es wurde bereits in der Einleitung erwähnt, dass Sexualmagie schon deshalb nichts für lüsterne Wüstlinge ist, weil sie nicht unbedingt Vergnügen bereitet. Bedenken wir einmal, dass der Orgasmus für viele Menschen die einzige Gelegenheit im Leben ist, da sie wirklich einmal richtig loslassen können. Nirgendwo sonst können sie sich derart fallenlassen, sich entkrampfen und einen "Hauch von Ewigkeit" erfahren, sich selbst vergessen, ja sogar auflösen.

All dies ist es schließlich, was die gesamte Sexualität zu einem solch wichtigen Trieb im Leben des Menschen macht. Wenn wir aber nun auch noch dieses allerletzte Stück Freiheit mit unserem Willen belegen und steuern, so stellt sich zurecht oft ein entsprechender Ekel und Widerwillen gegen eine derartige Praktik ein, die dann als Lust tötend, versklavend und aussaugend empfunden wird, obwohl sie doch eigentlich das genaue Gegenteil anstrebt.

Tatsächlich ist eine solche Einstellung ein Indiz für einen schwerwiegenden Mangel im Leben. Wenn die Sexualität nämlich wirklich der einzige Freiraum ist, den ein Mensch hat, um sich nicht ständig zu verkrampfen, um innerlich loszulassen und fallen zu können, dann fehlt es ihm nämlich auch sonst an einem echten Zugang zu seinem schlummernden Kräftepotential. Für ihn ist die Sexualität Ersatz für alles, was ihm im Leben fehlt eine Forderung, die nicht einmal diese mächtige Urkraft zu erfüllen imstande ist, wenn die restlichen Voraussetzungen fehlen.

Dennoch wird auch bei ausgeglichenen, erfüllten Menschen der Verlust der Lustempfindung bei Sexualmagie und Tantra oft beklagt. Autoren, die eher einem christlich geprägten Opferkultdenken anhängen, sprechen dann davon, dass bei der Sexualmagie die Lust auf dem "Altar der Magie" oder der Willensverwirklichung "geopfert" und dadurch sublimiert und in magische Kraft umgesetzt wird. Diese Einstellung ist zwar nicht unbedingt für den sexualmagischen Erfolg erforderlich, doch sollte man ihren Wert auch nicht unterschätzen. Immerhin ist das Opfern ein uralter Archetypus, der sich in sämtlichen Kulturen aller Zeiten findet. Viele Menschen haben ihn in seiner pervertierten Form sogar so weit verinnerlicht oder, genauer, aktiviert, dass sie kaum noch zu irgend einem Genuss fähig sind, ohne sich vorher dafür zu entschuldigen, einen Vorwand oder eine quasi - religiöse Rechtfertigung zu suchen, um es sich einmal gut gehen zu lassen. Dies ist natürlich ein Mangel, der vor allem auf Schuldgefühlen beruht, ohne dass wir hier jetzt näher auf die eigentlichen Ursachen eingehen können. Doch steckt in fast jedem Menschen auch ein innerer "Opferpriester", und das sollte man respektieren und sich zunutze machen.

Wie die ganze Magie in weiten Bereichen eher eine Sache der Einstellung als der Technik ist, so auch hier: Wenn Sie feststellen, dass Sie mit der Sexualmagie weiterkommen, wenn Sie das Opfermodell anwenden, so arbeiten Sie getrost damit. Allerdings sollten Sie auch dann darach streben, zumindest gelegentlich auch bei sexualmagischen Operationen die Lustempfindung zuzulassen. Denn die Lust ist integraler Bestandteil der Sexualität - und der gnostischen Sexualtrance! Lust ist so etwas wie eine zusätzliche Schubkraft, die Ihrer Magis Flügel wachsen lassen kann. (Spielerische Magie ist meistens die erfolgreichste!)

Merken Sie, dass es durchaus Spaß macht und dass Sie in der Sexualmagie kein "Lust - Opfer" (mehr) für nötig erachten, so genießen Sie es eben, solange Sie dabei sorgfältig magisch arbeiten können.

Der magische Umgang mit dem Ganzkörperorgasmus

(Diese Hinweise gelten für männliche und weibliche Magier.) Der

Ganzkörperorgasmus ist normalerweise die Ausnahme, der Genitalorgasmus hingegen die Regel. Es ist tatsächlich recht schwierig, ihn gewollt herbeizuführen, offenbar verlangt er auch nach einem ganz bestimmten Energiepegel im Menschen, der nicht immer so ohne weiteres herzustellen ist. Dennoch gibt es gewisse Regeln, denen auch er unterworfen ist. So gibt es grundsätzlich zwei Arten von Ganzkörperorgasmus, die sich auch energetisch voneinander unterscheiden: den Ganzkörperorgasmus, der unmittelbar vor dem Genitalorgasmus stattfindet und diesen in der Regel verhindert; und den Ganzkörperorgasmus, der unmittelbar an den Genitalorgasmus anschließt, so daß sich der Energiekörper gewissermaßen auf einer Art "Hochplateau" befindet. Gelegentlich wird dieser Ganzkörperorgasmus mit einer ihm recht ähnlichen Spielart des Genitalorgasmus verwechselt. Diese besteht imgrunde aus einer langen, stakkatoartigen Folge von "winzigen" Genitalorgasmen, die in schneller, oft geradezu rasender Reihenfolge hintereinander stattfinden.

Da das Energieniveau zwischen diesen zahllosen "Mini - Gipfeln" vergleichsweise hoch ist, also kein drastischer Energieabfall erfolgt wie beim gewöhnlichen Genitalorgasmus, besteht sein Hauptunterschied zu einem echten Ganzkörperorgasmus darin, dass er sich weitgehend auf den Genitalbereich allein beschränkt (Unterleib, Bauch und Teile der Wirbelsäule werden ebenfalls von der Energie durchflutet, auch eine Erotisierung vor allem des Brustwarzenbereichs - bei Männern wie bei Frauen - läßt sich gelegentlich beobachten); während der Ganzkörperorgasmus den gesamten Körper bis in die letzte Faser erfasst. Erfahrungsgemäß erleben vor allem Frauen den seriellen Genitalorgasmus häufiger als Männer, doch ist er bei diesen auch zu beobachten, allerdings verlaufen die orgasmischen Spasmen dabei nicht - oder nur zu einem sehr geringen Teil - ejakulativ.

Seien Sie nicht verwirrt, wenn Sie in sexologischen Werken nur wenig über Phänomene wie den Ganzkörperorgasmus und seine Verwandtschaft mit dem seriellen Genitalorgasmus finden sollten. Trotz aller Bemühungen der letzten hundert Jahre ist die Sexualwissenschaft tatsächlich noch nicht sehr weit vorangekommen.

So wie selbst die bloße Existenz des schon erwähnten weiblichen Grafenbergpunkts" unter Sexologen und Anatommen immer "noch umstritten ist, ebenso die Fähigkeit der Frau zu einer eigenen Ejakulation, so ziehen die meisten Wissenschaftler noch heute die Augenbrauen hoch, wenn man den Ganzkörperorgasmus erwähnt. Das ist auch kein Wunder, denn im Labor läßt er sich nur sehr schwer vorführen, zumal er, wie bereits ausgeführt, ohnehin äußerst selten ist. Verlassen Sie sich lieber auf Ihre eigenen Erfahrungen und auf die Berichte von zuverlässigen Magiern, Tantrikern und Tao Meistern, und urteilen Sie selbst. Generell lässt sich die Wahrscheinlichkeit eines Ganzkörperorgasmus durch zwei verschiedene Methoden erhöhen: durch Ejakulations - oder Genitalorgasmus - Verhaltung oder durch Erschöpfung und Überreizung. Je größer die sexuelle Erregung, um so stärker die Sexualmagis, wenn Sie kurz vor dem Genitalorgasmus verhalten und (als Mann) die Ejakulation vermeiden, vor allem nach Zeiten längerer, völliger Enthaltsamkeit; je stärker die Sexualmagis wiederum, um so näher auch der Ganzkörperorgasmus. Diese Methode verlangt vor allem nach Disziplin und Körperbeherrschung.

Die zweite Methode beruht auf einer gewissen sexuellen Übersättigung, weshalb sie auch einer recht großen sexuellen Kraftreserve bedarf. Ist nach einer Reihe von Genitalorgasmen eine gewisse Ermattung und Desensibilisierung der Sexualorgane eingetreten, und gelingt es nun dennoch, einmal mehr auf eine hohe Erregungsstufe emporzusteigen, so kann der Ganzkörperorgasmus relativ leicht durch einen nunmehrigen Verzicht auf einen weiteren Genitalorgasmus herbeigeführt werden. Die Schwierigkeit besteht hier allerdings darin, überhaupt noch potentiell zu einem Genitalorgasmus zu gelangen, den man verhindern könnte!

Auch wenn der Ganzkörperorgasmus als "Talorgasmus" oder , seltener, als "Plateau - Orgasmus" bezeichnet wird, bedeutet dies doch nicht, daß er völlig ohne Spasmen abliefe. Das macht auch die Unterscheidung vom seriellen Genitalorgasmus oft so schwierig. Allerdings sind seine Spasmen eher "kontinuierlich", eben ein beständiges "Elektrisiertsein" mit gelegentlichen heftigeren Entladungen. Diese Entladungen finden allerdings beim Ganzkörperorgasmus an allen möglichen Körperstellen statt, also auch beispielsweise im kleinen Finger der linken Hand oder in der rechten Kniekehle usw. Oft wird durch einen Ganzkörperorgasmus das persönliche Energiefeld (die "Aura") derart ausgedehnt, dass schon ein bloßer Blick oder Gedanke genügt, um eine erneute orgiastische Ekstase auszulösen, die jedoch nie von allein in die Ejakulation oder in einen Genitalorgasmus mündet. Dann bedarf man keiner physischen Berührung mit dem Partner, ja nicht einmal seiner körperlichen Gegenwart oder des Klangs seiner Stimme, um orgasmische Empfindungen zu bekommen.

Dies sind dann die Augenblicke, in denen einem Gedanken und Erkenntnisse kommen wie: "Die höchste Form der Sexualität ist der Verzicht auf Sexualität" usw., und man beginnt, den tieferen Sinn der Askese zu begreifen, die eben in Wirklichkeit nicht ein Verzicht auf Freuden ist, sondern die Suche
nach einer neuen, alles andere übersteigenden Freude und Ekstase. Es ist wahr, was die alten chinesischen Schriften sagen: Wer diesen Orgasmus kennt, der wird sich so schnell nicht mehr mit einem reinen Genitalorgasmus zufrieden geben.

Doch wäre es töricht, nur noch hinter dem Ganzkörperorgasmus herzujagen; viel sinnvoller ist es da doch, beiden Formen des Orgasmus das Größtmögliche abzugewinnen und somit gewissermaßen "auf beiden Hochzeiten" zu tanzen.
Gewiss, der Ganzkörperorgasmus ist der Erfahrung der Unio mystica sehr nahe, ja in der Sexualmagie geht er mit ihr fast immer einher - doch gilt dies nicht umgekehrt, nicht jeder Ganzkörperorgasmus führt automatisch zur Unio mystica! Aber selbst wenn er ein sicherer Weg zur Unio mystica wäre, so würden die meisten Menschen eine solche Erfahrung nicht auf Dauer verkraften können, und wären sie noch solche geborenen Ekstatiker. Es fällt auf, dass alle großen Mystiker auch Phasen der Entbehrung und innere Leere kannte, nur in den seltensten Fällen war die Unio mystica (entsprechend dem indischen Nirvikalpa Samadhi, dem Satori des Zen, der Vereinigung von Himmel und Erde im taoistischen Sexualyoga, die Vereinigung von Shiva und Shakti im Tantra, dem Nirvana des Buddhismus und der Erlangung des Ain in der jüdischen Kabbala) ein wirklicher Dauerzustand, wenngleich er oft Monate - , ja jahrelang anhalten konnte. Immer bedurfte es auch einer gewissen Erdung, damit die Nervensicherungen nicht durchbrannten, sonst wurde aus der Vision vom brennenden Dornenbusch (Moses) bitterer körperlicher Ernst - Tod und Wahnsinn waren nicht selten die Folge. Schon aus diesem Grunde empfiehlt es sich ab einer gewissen, freilich recht hohen Sensibilisierungsstufe, ganz bewusst den Ganzkörperorgasmus auch gelegentlich durch einen Genitalorgasmus auszugleichen, um gewissermaßen mit den Beinen "auf dem Boden" zu bleiben.

Diese Notwendigkeit der Erdung gilt übrigens für alle Magie. Aus dem gleichen Grund gehen Magier und Schamanen auch meistens neben ihrer Berufung ganz normalen geregelten Tätigkeiten und Berufen nach. Dadurch halten sie Kontakt mit der materiellen Welt und verhindern ein Abgleiten in den Rausch von Vision und Selbsttäuschung, der die eigentliche Gefahr auf dem Weg der Magie darstellt.

Meistens wird der Ganzkörperorgasmus zum ersten Mal zusammen mit einem Partner erlebt, doch kann er (in der Regel später, also nach dieser erstmaligen Erfahrung) auch ohne Partner erlangt werden, wenngleich dies im allgemeinen schwieriger zu sein scheint. Bei der Partnerarbeit fällt auf, dass sehr häufig beide Partner zugleich (oder auch nur annähernd synchron) die gleiche Erfahrung machen, sofern sie einigermaßen miteinander in Harmonie stehen und über ein gewisses Maß an Sensibilität verfügen. Oft wird dann der Fehler begangen, diese Erfahrung auf den jeweiligen Partner zu fixieren. Gewiss, er ist an diesem Energieaustausch bestimmt nicht unbeteiligt, doch ist dies eine Erfahrung, die man nach einhelligem Votum allen chinesischen Tao Meister möglichst auch allein und in sich verwirklichen soll.

Nun möchte sicherlich mancher Leser gerne wissen, welchen Orgasmus er denn magisch für welche Zwecke einsetzen soll. Solange Sie nicht mit einiger Sicherheit gewiss sein können, einen Ganzkörperorgasmus zu erlangen, ist diese Wahlmöglichkeit eher theoretischer Natur. Sollten Sie es aber irgendwann tatsächlich vermögen, so werden Sie zugleich auch erkennen, daß sich diese Frage stets nur von Fall zu Fall und nur sehr subjektiv beantworten lässt.
Ganz allgemein lässt sich vielleicht feststellen, dass der Ganzkörperorgasmus eher für mystische, für heilerische und für Arbeiten der Glücksförderung sowie für Liebeszauber geeignet ist, während Arbeiten des magischen Angriffs, Schadenszauber, aber auch Schutzblockaden eher nach einem sexualmagischen Genitalorgasmus verlangen.

Doch sind die Ausnahmen hier fast die Regel. So lässt sich mancher magische Schutz gerade durch den Ganzkörperorgasmus kräftigen, während manche Heilungen, besonders Geschwulste, Virusinfektionen und andere Erkrankungen speziell des Immunsystems besser auf sexualmagische Arbeiten mit dem Genitalorgasmus anzusprechen scheinen, wie überhaupt jede kraftvolle Willensbeeinflussung auch. So bleibt es Ihnen nicht erspart,
selber zu experimentieren und Ihr eigenes System aufzubauen, das sich mit dem eines anderen Magiers nicht im geringsten decken muss, dies andererseits aber durchaus tun kann. Wieder einmal heißt es: "Übung macht den Meister"
verhält es

Das große Ritual

In den voran gegangen Kapiteln sind die Vorbereitungen für dieses große Ritual ausführlich behandelt worden. Die Sigillenmagie in Verbindung mit der Sexual Magie ist das mächtigste Werkzeug was der Magierin oder dem Magier zu Verfügung steht.

Nach der Körperentspannung, der inneren und äußeren Reinigung eröffnen Sie Ihr Ritual mit dem Entzünden Ihrer Räuchermischung

Schutzweihrauch 3

Teile Weihrauch
1 Teil Salbei
1 Teil Engelwurz
1 Teil Anis

Dieser Schutzweihrauch kann immer verwendet werden. Genauso wie Weihrauch allein, ist er bei jedem Ritual anwendbar.

Weihrauch für Geldrituale 3

Teile Weihrauch
1 Teil Muskat
1 Teil Nelke
1 Teil Basilikum
1 Teil Majoran

Bei allen Geldritualen ist dieser Weihrauch ein Muss! Auch wenn man Geldsigillen verbrennt, dann immer in Zusammenhang mit diesen Kräutern.

Weihrauch für Liebesrituale

2 Teile Weihrauch
2 Teile Myrrhe
1 Teil Lavendel
1 Teil Malve
1 Teil Liebstöckel

Gerade Lavendel und Liebstöckel sind für Liebesrituale unersetzlich.

Weihrauch für Erfolgsrituale 2

Teile Weihrauch
2 Teile Myrrhe
1 Teil Lorbeer
1 Teil Johanniskraut
1 Teil Thymian

Allein schon die Räucherung, während man sich auf Prüfungen usw. vorbereitet, hilft bei der Steigerung der Konzentration und der Motivation.

Weihrauch für Glücksrituale 2

Teile Weihrauch
2 Teile Myrrhe
1 Teil Lavendel
1 Teil Rosmarin

Weihrauch für Reinigungsrituale 2

Teile Weihrauch
1 Teil Myrrhe
1 Teil Lavendel
1 Teil Alant

Legen Sie sich mit dem Rücken nackt auf Ihr Bett oder eine auf dem Boden ausgebreitete Decke. Denken Sie daran dass das Zimmer warm ist damit Sie während des Rituals nicht frieren.

Stellen Sie die Beine auf und legen Ihre Fußsohlen aneinander. Dann lassen Sie Ihre Knie locker auseinander fallen. Schließen Sie die Augen und spüren Sie in Ihren Körper hinein. Lassen Sie die Augen während des gesamten Rituals geschlossen. Atmen Sie ruhig, gelassen und entspannt wie in dem Kapitel Atmung beschrieben.

Für die Frau:

Lenken Sie nun Ihr Bewusstsein auf Ihre Vagina. Streicheln Sie erst sanft Ihren Venushügel. Dann lassen Sie Ihre Finger an den großen Schamlippen entlang gleiten. Nehmen Sie die Schamlippen zwischen zwei Finger und üben Sie sanften Druck aus. Ziehen Sie dann die inneren Schamlippen mit Zeige- und Ringfinger auseinander. Streicheln Sie mit Ihrem Mittelfinger an den Schamlippen und am Scheideneingang entlang. Ändern Sie den zwischendurch den Rhythmus der Bewegungen. Führen Sie einen oder mehrere Finger in Ihre Vagina ein. Spannen Sie Ihre Beckenbodenmuskulatur an damit die Vagina Ihre Finger fest umschließt. Wandern Sie mit Ihren Fingern wieder nach außen zu den inneren Schamlippen. Streicheln Sie jetzt Ihre Klitoris mit kreisenden oder vibrierenden Bewegungen bis zu Ihrem Höhepunkt.

Versuchen Sie bei alle dem sich immer wieder auf Ihren Intimbereich und nicht auf Ihre Hände und Finger zu konzentrieren.

Die große Schwierigkeit besteht nun darin während des Höhepunktes das Sigil anzusehen. und dabei nicht an Ihren Willenssatz oder an den Inhalt der Sigil zu denken.

Die Vollendung ist natürlich wenn Sie das Sigil nicht mehr brauchen sondern Sie es visualisiert haben und das Sigil während des Höhepunktes geistig vor Ihrem Auge steht.

Für den Mann

Lenken Sie Ihr Bewusstsein auf Ihren Penis. Führen Sie Ihre rechte oder linke Hand
zu Ihren Hoden. Streicheln Sie Ihre Hoden und fühlen dadurch Ihre Form. Streicheln
Sie die Region zwischen Hoden und Anus. Lassen Sie nun eine Hand an Ihrem Penis
entlang gleiten. Umfassen Sie nun Ihren Penis und üben etwas Druck aus. Bilden Sie
mit Daumen und Zeigefinger einen Ring und wandern Sie langsam immer von unten
nach oben an Ihrem Penis entlang. Schieben Sie nun langsam Ihre Vorhaut vor und
zurück. Führen Sie diese Bewegung zunächst mit Daumen und Zeigefinger aus da
nach mit der ganzen Hand bis zu Ihrem Höhepunkt.

Versuchen Sie bei alle dem sich immer wieder auf Ihren Intimbereich und nicht auf
Ihre Hände und Finger zu konzentrieren.

Die große Schwierigkeit besteht nun darin während des Höhepunktes das Sigil
anzusehen. und dabei nicht an Ihren Willenssatz oder an den Inhalt der Sigil zu
denken.

Die Vollendung ist natürlich wenn Sie das Sigil nicht mehr brauchen sondern Sie
es visualisiert haben und das Sigil während des Höhepunktes geistig vor Ihrem
Auge steht.

WIE WERDEN SIGILLEN HERGESTELLT?

Zuerst sollten wir uns überlegen, was wir wollen. In dieser Phase ist es nicht immer einfach festzustellen, ob unsere Bedürfnisse ein Aspekt unseres wahren Willens sind oder ob sie nur ein egoistisches Bedürfnis ausdrücken. Im letzteren Fall wird die Sigil nicht funktionieren. Im ersteren Fall wird sie sich mit einem unbewussten Kraftstrom in Verbindung setzen, mit dem universellen Willen vereinen, und die Manifestation ist dann nur noch eine Frage der Zeit. Im Großen und Ganzen können Sigillen für alle Arten von Bedürfnissen hergestellt werden:

Jeder Wunsch, ob nach Freude, Wissen oder Macht, der auf

natürliche Weise keine Erfüllung finden kann, kann mit Hilfe von Sigillen und deren Formel durch das Unterbewusstsein Verwirklichung erfahren.

Es gibt mehrere Methoden, Sigillen zu konstruieren. Die älteste von ihnen ist vermutlich die schamanische Methode. Ein Schamane könnte in die Wildnis gehen, um dort die Werkzeuge für einen spezifischen Akt der Zauberei zu finden. Zunächst würde er sich auf seine Absicht konzentrieren und Kraftlieder singen, einen Trancezustand hervorrufen und durch die Wildnis streifen, so wie die Geister ihn führen. Er würde dabei alle Objekte aufsammeln, die seine Aufmerksamkeit auf besondere Art und Weise erregen. Einige von diesen könnten aufgrund ihrer symbolischen Bedeutung benutzt werden, andere würden überhaupt keine Bedeutung besitzen, zumindest keine Bedeutung für das bewusste Ich.

Mittelalterliche Sigillen sollten aus den verschiedensten Abhandlungen

bekannt sein. Der Wunsch, in diesem Fall die Anrufung eines Geistes wurde in den Buchstaben des hebräischen Alphabets aufgeschrieben. Jeder Buchstabe wurde dann in eine Zahl verwandelt, und die ganze Serie von Zahlen wurde in einer kontinuierlichen Linie in eines der magischen Quadrate geschrieben.

Ein Beispiel: Die Sigil von Zazel, des Geistes von Saturn, wird auf das Saturnquadrat mit 3x3 Feldern gemalt. Zazel wird folgendermaßen buchstabiert: Z = 7, A = I, Z = 7, E = 5, L = 30.

Die 30 wird zu einer 3 reduziert, da das magische Quadrat für diese Zahl zu klein ist:

4	9	2
3	5	7
8	1	6

Runenmagier haben ihre eigene Art zu sigillisieren. Eine ihrer

Techniken wurde »Bindrunen« genannt. Ein Runenmagier würde sein Bedürfnis in Runenbuchstaben aufschreiben und diese zu einem einzigen Zeichen vereinen. Ein Beispiel:

»Wodan« könnte folgendermaßen geschrieben werden:

Diese Methoden verlangen sehr viel Erfahrungen der Magier. Wir wenden uns jetzt den einfacheren Systemen zu die für alle Zwecke verwendet werden können.

Wir beginnen damit, dass wir unser Bedürfnis in klarer und einfacher Form ausdrücken, sei es als Satz oder noch besser als einzelnes Wort. Wen wir z. B. »Ausdauer« wollen, würden wir zuerst alle doppelten Buchstaben entfernen. Das wäre ein A und ein U. Von »Ausdauer« bliebe dann AUSDER übrig. Diese Buchstaben werden kombiniert, um ein möglichst angenehmes und attraktives Zeichen zu schaffen, z.B.:

Du kannst diese Struktur vereinfachen oder weiter ausarbeiten,

ganz wie du willst. Wir können dieses System noch verbessern, indem wir ein magisches Alphabet verwenden. Frage dein inneres Selbst nach einem System von Schriftzeichen, dass für dich angemessen ist. Dann kombiniere die Buchstaben und verbinde sie zu einem passenden Zeichen:

Eine einzigartige Methode möchte ich hier vorgestellen. Hier wird der Wunsch lebendig und klar imaginiert, bis der Magier davon erleuchtet wird. Dann, während er sich auf seinen Wunsch konzentriert, beginnt der Magier ein Blatt Papier mit wilden, spontanen (»automatischen«) Kritzeleien zu füllen.

Wenn du das Papier voll gekritzelt hast, schließe deine Augen und konzentriere dich stark auf dein Bedürfnis. Bleibe locker dabei.

Nur wenn man völlig entspannt ist und nicht davor, sollte man das Papier

hervor nehmen und direkt auf das blicken, was man gekritzelt hat. Jener Teil, der dem Auge als erstes auffällt, sollte eingekreist werden, der Rest der Zeichnung wird weggeworfen.

Nimm einen neuen Bogen Papier und reproduziere darauf den Teil des alten Bogens, den du eingekreist hast, dann wiederhole den Vorgang.

Diese Prozedur wird wiederholt, immer und immer wieder, bis man zu einer Sigil gelangt, die intuitiv richtig ist. Der Prozess des Findens einer passenden Sigil ist bereits ein Teil der Arbeit. Sei also nicht faul und mache einfach weiter, selbst wenn du mehrere Blätter Papier brauchst. Mit etwas Übung wird es dir leicht fallen, gewisse fundamentale Aspekte der Sigillenästhetik zu erkennen. Der Vorteil dieses Systems liegt darin, dass die Sigil nicht bewusst konstruiert, sondern vom inneren Selbst entwickelt wird, und zwar in einer Sprache, die es leicht versteht. Das Endresultat kann vereinfacht werden.

Eine weitere Methode der Sigillenherstellung besteht darin, den Wunsch in einer kontinuierlichen Linie aufzuschreiben, aber nicht in der gewohnten linearen Art und Weise. Forme die Buchstaben wie sie kommen, übereinander und in jede Richtung, wie es dir gefällt. Das folgende Beispiel bedeutet »Power«. Du füllst einfach das Innere der Form aus, und das Resultat ist ein unentzifferbares, vielförmiges Ding:

Dann gibt es noch eine weitere Art von Sigillen, die hier erwähnt

werden sollte. Bis jetzt haben wir mit Sigillen gearbeitet, die bewusst für einen bestimmten Zweck geschaffen wurden. Manche Sigillen werden allerdings nicht entworfen sondern empfangen. Dies ist der Fall, wenn wir einem Geist, einem Gott oder einer astralen Wesenheit begegnen und diese um eine geeignete Sigil bitten, um sie zu bezeichnen oder zu beschwören.

Solche Sigillen sind für unser bewußtes Ich oft völlig unverständlich. Wir empfangen sie und nehmen sie mit in den Bereich unserer manifestierten Realität, so daß die Identität, von der sie herrühren, einen leichteren Zugang zu dieser Ebene finden kann. In gewissem Sinn werden diese Sigillen zu einem manifestierten Aspekt einer unmanifestierten Intelligenz.

Sie schaffen eine Verbindung zwischen den Ebenen und erlauben uns, die Energie zirkulieren zu lassen.

Das Bewusstsein hinter solchen Kontaktsigillen scheint unabhängig zu sein, aber ihre Ästhetik ist normalerweise auf die Persönlichkeit der empfangenden Personen zugeschnitten. Die besten dieser Sigillen enthalten eine Mischung aus bekannten und unbekannten Strukturen, halb offenbar und halb verborgen.

All diese Systeme der Sigillisierung haben eine Idee gemeinsam: Die Sigil sollte dich nicht an dein ursprüngliches Bedürfnis erinnern! Deine Identität, d.h. diejenigen Teile des Selbst, die dir bewusst sind, ist eine Kreatur mit vielen Bedürfnissen und Ängsten. Das Ego ist eine Ansammlung von Gewohnheiten und Glaubensstrukturen, und viele davon stehen in Konflikt zueinander.

Nehmen wir an, du begehrst etwas. Dieses Begehren wird nicht von allen Teilen deiner Identität geteilt und viele deiner Persönlichkeiten könnten anderer Ansicht sein. Nehmen wir einmal an, daß du Geld willst und zu diesem Zweck eine Sigil herstellst. Manche Teile deines Bewusstseins würden durchaus für diese Operation sein, andere Teile hingegen würden Zweifel anmelden und wieder andere würden versuchen, die Umstände zu bestimmen, unter denen man Geld erhalten könnte. Dies bedeutet nicht einfach »Ich will Geld«, sondern

»Ich will Geld unter diesen oder jenen Umständen«.

»Ich möchte nicht, dass ich Geld bekomme, wenn darunter eine andere Person leidet« - dies wäre etwas, das unsere moralischen Selbstteile sagen könnten. »Ich brauche nicht sehr viel«

— das ist die Aussage eines der bescheideneren Selbstaspekte. »Je mehr, desto besser« - das sagen die gierigen Teile. »Ich möchte dafür arbeiten« - diese Selbstaspekte sehen eine gewisse Pflicht darin, für das, was man erhält, etwas zu tun. »Wenn ich es bekomme, dann werde ich es für gute Zwecke einsetzen« — ein idealistischer Teil der Identität. »Es wird doch nicht funktionieren« — da haben wir unsere zynische Natur. »Mach dich nicht zum Narren« - die skeptischen, zweifelnden Teile des Selbst. »Ich halte mein Urteil in der Schwebe« - eine wissenschaftliche Betrachtungsweise. »Mir ist es egal, wo es herkommt, Hauptsache es ist genug« — eine recht amoralische Einstellung. »Geld ist schlecht« - hier haben wir eine Idee, die aus einer vielleicht fehlgeleiteten Spiritualität resultiert. »Geld ist notwendig« — das ist eine eher realistische Betrachtungsweise. »Es ist angenehm« - hier spricht die materialistische Identität.

Und das ist erst der Anfang! Wie wird ein solches Bedürfnis erfüllt? Was sind die Möglichkeiten, die sich daraus ergeben? Das, was wir für ein einzelnes Wesen hielten, unsere ureigenste Identität, offenbart sich als Wirrwarr von vielen Persönlichkeiten und vielen Teilen des Selbst, von denen jeder sinnvolle Bedürfnisse hat und jeder auf der Suche nach Kontrolle über die Situation ist. Und dabei geht es doch nur um Geld. Ist Geld ein solch schwieriger Gedanke?

Überlege doch einmal, wie viele Ansichten du und die Teile deiner Persönlichkeit zu Ideen wie magischer Kraft, Liebe, Hingabe, Veränderung der Identität usw. haben können, und du wirst sehen, welche Probleme daraus entstehen.

Es ist selten, dass wir eine einzige Meinung haben. Zwischen den vielen Teilen des Selbst kann es leicht zu Konflikten kommen. Alle Teile des Selbst haben auf ihre eigene Art Recht und erfüllen eine wertvolle Funktion. Wie kommen wir also zu Entscheidungen, klaren Handlungen oder innerer Zusammenarbeit? Meistens braucht es eine stärkere Notwendigkeit (z. B. den Überlebenstrieb, Instinkte, die Erfüllung dringender Bedürfnisse oder des wahren Willens), die es uns ermöglicht, zu einer Entscheidung zu kommen und zu handeln. Zur Vermeidung solcher Konflikte verwenden wir Sigillen.

Eine Sigil ist eine neutrale Form. Wir können mit ihr magisch arbeiten, ohne uns die 333 inneren Pro und Kontra einschließlich aller Vetorechte überlegen zu müssen. Wir können uns auf die Form konzentrieren und dabei die ursprüngliche Bedeutung der Sigil vergessen. Wir können vergessen, was wir uns an Zweifeln, Hoffnungen, Bedürfnissen, Sorgen, Notwendigkeiten, Umständen der Erfüllung usw. in unserem Kopf zurechtgelegt haben.

Sigillen sind abstrakt, um Konflikte zu vermeiden und zu verhindern, dass sich das Ego zu sehr einmischt. Eine Sigil wird der

Tiefe übergeben, dem Bereich des wahren Willens und des reinen Instinktes, und diese Teile des inneren Selbst entscheiden, wann und wie die Manifestation stattfindet.

Der Sigillenzauberer muss sich nicht unbedingt mit Fragen wie »Steht denn dieses Bedürfnis überhaupt in Einklang mit meinem Willen?« herumquälen. Eine solche Frage ist schwer zu entscheiden. Wir sollten vielleicht die Tatsache akzeptieren, dass wir nicht immer wissen, wie die Natur und die Richtung unseres Willens aussehen. In gewisser Hinsicht ist Sigillenmagie eine Art des Feedbacks. Ein Wunsch steigt aus der Tiefe auf, wird erkannt, sigillisiert, der Tiefe zurückgegeben, und findet aus der Tiefe heraus Erfüllung.

Während der Übermittlung der Sigil in die Tiefe sollten wir vermeiden, an das ursprüngliche Bedürfnis zu denken. Ich vor, gleich ganze Serien von Sigillen zu gestalten. Du sigillisierst einfach mehrere Wünsche, bewahrst die Sigillen gemeinsam auf und holst von Zeit zu Zeit eine von ihnen hervor, um mit ihr zu zaubern. Am besten ist es, wenn du nicht mehr weißt, wofür die Sigil geschaffen wurde. In dieser Form übermittelst du sie am einfachsten. Wenn du dich an die Bedeutung der Sigil erinnerst, dann ist es ein guter Trick, so zu tun, als ob du sie vergessen hättest. Tue einfach so, als wüsstest du nicht, wofür die Sigil, mit der du gerade arbeitest, gut ist. Alle Formen von Begierde, Notwendigkeit, Hoffnung, Sorge, Zweifel, Lust usw. stören die Handlung der Übermittlung, da sie die Sigil mit Emotionen assoziieren, die ihre freie Passage in die Tiefe behindern können.

In den Beispielen, die Austin Spare in seinem Buch der Freude gab, formulierte er seine Bedürfnisse in langen Sätzen wie »Dies ist mein Wunsch, die Kraft eines Tigers zu erlangen«. Ich halte das für unnötig kompliziert. »Dies ist mein Wunsch« kann weggelassen werden, denn wenn es nicht mein Wunsch wäre, würde ich es nicht sigillisieren. Dasselbe gilt für »zu erlangen«. Wenn wir das Ganze auf »Tigerkraft« reduzieren, bekommen wir eine einfachere Sigil mit weniger überflüssigem Material.

Es ist nicht notwendig, einer Akupunkturnadel zu sagen, was sie tun soll. Wenn man den richtigen Punkt in der richtigen Intensität stimuliert, wird das Unbewusste aufwachen und die Situation korrigieren, indem es das Gleichgewicht wiederherstellt. Natürlich wirkt es nicht so sicher, wenn wir statt »Ich will Geld« nur »Geld« sigillisieren, aber kann denn das Unbewusste unsere Absichten missverstehen? Wenn die Sigil die Geldaspekte unseres Wesens berührt, dann wird der wahre Wille schon entscheiden, ob man mehr

oder weniger braucht. In diesem Sinne ist   Sigillenmagie auf

Vertrauen aufgebaut. Resultate können unerwartet erscheinen, aber das bedeutet nicht, dass sie deshalb falsch wären. Eine Sigil ist kein Befehl, sondern eine Anfrage. Jene Teile des Selbst, die die Manifestation der Sigil bewirken, sind intelligent.

Der Körper der Sigil ist ein weiterer wichtiger Punkt. Die Botschaft der Sigil kann leichter übermittelt werden, wenn die Ästhetik stimmt. Chinesische Taoisten etwa schreiben ihre Sigillen in roter Tusche auf gelbes Papier. Dann wird das Papier mit dem heiligen Stempel geschmückt, die Hälfte des Blattes kann verbrannt werden, um in die Geisterwelt zu kommen, die andere Hälfte wird behalten.

Die Verwendung von farbigem Papier und farbiger Tusche ist durchaus hilfreich, vorausgesetzt, du hast einige direkte Erfahrungen, was Farben für dich bedeuten. Es ist ziemlich sinnlos, die Bedeutung und den Symbolismus von Farben in irgendeinem Buch nachzuschlagen. Dieses Wissen muss aus dem Leben kommen. Auch die Form des Papiers bietet Wahlmöglichkeiten. Ein rundes Stück Papier könnte die Rundheit der Saat symbolisieren, ein quadratisches die Festigkeit der Materie, ein Dreieck könnte Kraft andeuten. Es kommt ganz auf die Natur deines Wunsches an.

Papier ist nicht das einzige Material, das man als Körper für
eine Sigil verwenden kann. Einige Magier verwenden z.B.
ein Lehm-

oder Tonpentakel, in das sie die Sigil einritzen. Dieses symbolisiert das Fleisch, die Erde, die Realität, was materielle Resultate erleichtern soll. Dauerhafte Materialien wie Stein, Metall oder Knochen suggerieren dauerhafte Effekte. Knochen sind für alle Angelegenheiten geeignet, die sich auf den Kern unseres Wesens beziehen, vorausgesetzt du assoziierst die richtigen Gedanken damit. Wenn Knochen für dich Alter oder Essenz bedeuten, dann wird es hervorragend funktionieren. Wenn Knochen jedoch Tod und Verdammnis suggerieren, dann solltest du dich vielleicht besser mit dem Material anfreunden, bevor du mit ihm zu arbeiten beginnst.

Holz ist für alles gut, was wächst. Runenmagier haben ihre Zeichen in Holz geritzt und danach etwas Asche oder Blut darüber gestrichen, um die Inschrift leichter leserlich zu machen. Wenn du dein eigenes Blut benutzt, wird dies auf jeden Fall Ernsthaftigkeit und Hingabe suggerieren.

Metalle können entsprechend der planetaren Eigenschaften verwendet werden. Mit einigen Sigillen wird nur in der Imagination gearbeitet.

Auch auf der Astralebene können Sigillen geweiht und übermittelt werden. Bei

einfacheren Sigillen ist dies relativ leicht. Bei komplizierten Sigillen kann es jedoch sein, dass es zu viel Aufwand kostet, die Form der Sigil im Bewusstsein klar aufrechtzuerhalten. In diesem Fall könntest du versuchen, die Form der Sigil in ein Behältnis zu geben, z.B. in eine Schatzkiste, in einen Kelch, in ein Samenkorn oder in irgendein anders Gefäß, und dann mit diesem Gefäß deine Magie zu betreiben.

Manchmal ist ein provisorischer Körper geeigneter. Wenn du deine Traummagie beeinflussen willst, könntest du z.B. eine Sigil auf Papier malen, diese Sigil zu einem Papierboot falten und dann auf einem Fluss, See oder Teich aussetzen. Früher oder später sinkt das Papierboot und das Wasser empfängt die Idee. Du könntest die Sigil auch in Erdfarben auf deine Haut malen und tanzen, bis du sie abgeschwitzt hast. Oder du könntest sie in Beeren auf dem Waldboden formen, die dann von den Vögeln gefressen werden. Du könntest sie in die Erde ritzen und dem Regen überlassen. Oder auf Papier gezeichnet ins Feuer werfen. Du könntest dich sogar von ihr ernähren. Zeichne deine Sigil mit Lebensmittelfarbe auf Papier, wasche die Farbe mit Wasser ab und trinke das ganze. Andere Sigillen können als Kuchen oder Kekse gebacken werden. Wie Nema formulierte: »Essen ist eine gute Erdung.«

Es gibt so viele Möglichkeiten, entwickle deine eigenen!

DAS RITUAL

Wir HABEN also unsere Saat geschaffen und bereiten uns nun

vor, sie in einen angemessenen Grund zu pflanzen. Zu diesem Zweck können wir die
Sigil als Botschaft betrachten, als Einheit von Form, Energie und Bewusstsein, die
unsere Wünsche in die tieferen Bereiche des Bewusstseins transportiert. Einerseits ist
die Sigil eine Botschaft, andererseits ist sie aber auch ein lebendes Wesen, genauso
wie ein Samenkorn eine potentielle Pflanze ist. Ein drittes Modell würde die Sigil als
Tür oder Durchgang betrachten, als Kanal, der bis zu einer entsprechenden Kraftzone
reicht. Die Sigil ist dies alles und noch wesentlich mehr.

Um effektiv wirken zu können, sollte die Sigil dem Unbewussten mitgeteilt werden.
Zunächst heißt das, dass wir uns an ihre Form gewöhnen. Wir sollten diese so gut
kennen, dass wir sie aus dem Gedächtnis malen können. Dies ist einer der Gründe,
warum eine Sigil einfach und unkompliziert sein sollte. Einige Autoren behaupten, dass
eine Sigil so bekannt sein sollte, dass man sie leicht und lange imaginieren kann.
Meiner Erfahrung nach ist dies nicht notwendig. Die Vertrautheit mit der Sigil ist
normalerweise genug. Es ist ausreichend, mit der Sigil in seiner körperlichen Form,
also aufgezeichnet auf Papier, zu arbeiten. Da wir der Form einen Körper gegeben
haben, können wir auch unsere Augen benutzen und mit

ihnen arbeiten.

Eine klare und anhaltende Imagination der Sigil ist

nur dann notwendig, wenn wir sie auf der Astralebene verwenden oder mit
geschlossenen Augen übermitteln wollen. Zu diesem Zweck eignen sich am besten
einfache Sigillen. Wenn du bereits mit ein paar Dutzend Sigillen Erfahrungen
gesammelt hast, dann wirst du sicher wissen, welche du auf der körperlichen und
welche du auf der astralen Ebene übermitteln kannst.

Nun wollen wir unsere Sigillenform in die tieferen Bereiche unseres Bewusstseins
übermitteln. Bereiche, die nach anderen Gesetzen funktionieren, nach anderen
Regeln und Systemen als die oberflächlichen Bereiche des Bewusstseins. Wie
öffnen wir die Tore in die Tiefe? Wir arbeiten auf der Grundlage von innerer Leere
und Erschöpfung .Unter gewissen Bedingungen entstehen Sprünge, Risse und
Löcher in der Panzerung aus Gewohnheit und Identität. Durch diese Löcher kann
das Unbekannte erreicht werden. Wir können unsere bewusste Identität erschöpfen
oder einfach in der Schwebe halten.

Zu diesem Zweck gibt es mehrere Strategien. Körperliche Erschöpfung ist sehr
nützlich. Gute Übungen sind z.B. lange Spaziergänge in Wald und Feld, Tanzen,
Singen, Sex,

Kampfkunstübungen usw. - alles, was dafür sorgt, daß du
deine zivilisierte Persönlichkeit vergisst, ordentlich schwitzt
und einen intensiven Zugang zu deinem Körper findest.

Identität kann auch durch Krisen oder Probleme erschöpft und aufgelöst werden. Enttäuschungen, Schmerz, Zweifel, morbide Gedanken und Krankheiten tendieren dazu, Löcher im Gewebe unserer Persönlichkeit zu erzeugen, die Notwendigkeit von ihrer Bedeutung zu befreien und die Einschränkungen zu überwinden, die durch den stagnierenden Glauben entstanden sind.

In gewissem Sinn ist die Krise eine Gelegenheit, nutzloses Geistesmaterial loszuwerden und die Welt neu zu sehen. Eine Zeit des Zweifels und der Sorgen kann eine wunderbare Gelegenheit sein, die tieferen Bereiche der Persönlichkeit zu entdecken. Aber wie nützlich Krisen auch sein mögen, wir müssen sie nicht bewusst herbei beschwören. Obwohl Zweifel und Krisen nützliche Werkzeuge zur Auflösung von Identität und stagnierendem Glauben sind, heißt das nicht, dass sie die einzigen Mittel dazu sind. Vor allem sollten wir nicht annehmen, dass eine tiefere Krise gleichbedeutend mit mehr Inspiration ist. Wir müssen uns nicht zerreißen, um einen Durchgang zu schaffen, durch den die Sigil in die Tiefe dringen kann. Krisen sollten weder gesucht noch vermieden werden. Was wir in diesem Zusammenhang brauchen, ist einfach Ehrlichkeit.

Für unsere Sigillenmagie benötigen wir einen Spalt, einen
Leerraum, eine Pause, durch die die Sigil übermittelt werden
kann,

ohne dass sich das Ego einmischt. Dieser Spalt kann durch eine Krise hervorgerufen werden, genauso gut gibt es aber auch unzählige andere Wege. Wie viel Aufwand brauchst du, um dich zu öffnen, um einfach und leer zu werden?

Dieses Thema hat zu einer Menge Missverständnisse geführt. Der wesentliche Punkt ist die Stärke und Zähigkeit deines Egos. Eine Person mit einem großen Ego wird wesentlich mehr Aufwand brauchen, um leer zu werden, als eine Person, die am Rande der Realität lebt und versucht, sich von Selbstüberschätzung und anderen Fallen fern zu halten. Viele Magier brauchen großen Aufwand, Fastenzeiten, heilige Eide, spezielle Disziplinen, Reinigungszeremonien, große magische Zurückgezogenheiten, teures Material, geheime Formeln, sexuelle Enthaltsamkeit, überwältigende Anrufungen, komplizierte Rituale, geheime Zeichen und was auch immer, um Resultate zu erreichen, die bei einfacheren Magiern fast von selbst geschehen. Die Frage dabei ist, wie wichtig du dich nimmst. Großer Aufwand bedeutet nicht, dass man auch großartige Resultate erzielt. Die »wichtigen« Magier, also solche Leute, die für sich göttlichen Segen, tiefe Weisheit, heilige Autorität usw. in Anspruch nehmen, sind normalerweise völlig außerstande, über sich selbst zu lachen, und brauchen solch drastische Maßnahmen, um überhaupt Effekte hervorzubringen.

Es ist möglich, das Ego auch durch Freude in der Schwebe zu halten, durch intensive Freude, Liebe und Begeisterung. All dies leert den Geist und öffnet die Tore zur Tiefe.

Mit Drogen hingegen ist dies meist schwieriger. Einige davon können dich öffnen, aber solange du sie nicht gut kennst und genau die richtige Dosis anwenden kannst, werden sie deine Konzentration eher behindern und dadurch die Übermittlung stören.

Andere Zeiten, in denen du offen bist, sind die Alphaphasen des Halbschlafes und der leichten Hypnose.

In diesem Zustand, wie auch in jener seltsamen Bewusstheit, die als »magische Zeit« bekannt ist, sollte man Sigillen verwenden, die sich leicht imaginieren lassen. Die

»magische Zeit« kann nicht durch Aufwand herbeigeführt werden. Sie ergibt sich von selbst, in einer Form, die durch das Individuum bestimmt wird. Sie ist ein Zustand des nicht-rationalen Funktionierens, eine Art Wachtraum mit aufgerissenen Augen und weit geöffnetem Geist, bei dem die Zeit stillzustehen scheint und das Bewusstsein die Umgebung mit intensiver Luzidität durchdringt.

Moderne Anhänger des alten ägyptischen Maat-Kultes nennen dieses Ereignis the vortex, den

»Wirbel«. Eine psychologische Erklärung hierfür wäre, dass in dieser Trance verschiedene Teile des Gehirns zu Bewusstheit gelangen, die uns normalerweise nicht bewusst sind. All diese Zustände halten das Ego in der Schwebe und sind für die Sigillenmagie geeignet.

Wenn wir ein gewisses Maß an innerer Leere erreicht haben, können wir die Sigil übermitteln. Die grundsätzliche Formel dafür ist sehr einfach: Entleere dich, finde Kontakt mit der Tiefe, umarme die Sigil, erlaube ihr zu versinken, schließe den Durchgang und vergiss sie.

Manche Magier scheinen die Öffnungsphase mit Übermittlungsphase zu verwechseln. Ihrer Meinung nach der sind Krisen, Erschöpfung, intensive sexuelle Erregung usw. Quellen von starker Energie, und diese Energie, so glauben sie, sollte in die Sigil hineingeladen werden, um sie dynamisch und stark zu machen.

Diese Annahme ist weit verbreitet und liegt ziemlich daneben. Ich möchte hier hinzufügen, dass ich selbst lange Zeit an diese Art von Unsinn geglaubt habe. Bei dieser Methode werden Auflösung und Krise, egal ob angenehm oder schmerzhaft, verwendet, um die Sigil mit Kraft zu laden. Dazu kommt normalerweise die Annahme »mehr Kraft = bessere Resultate«. Wenn eine solche kraftgeladene Sigil nicht funktioniert, versuchen diese Magier meist die Kraft zu erhöhen, d.h. sie brauchen tiefere Krisen, intensivere Rituale, mehr Erschöpfung oder einen stärkeren Orgasmus - was auch immer, es macht keinen Unterschied. Das übliche Resultat davon ist Krampf und Frustration.

»Es besteht kein Grund zur Quälerei«

Ich glaube, dass es in diesem Zusammenhang wichtig ist, auf den Unterschied zwischen Sigillen als Botschaften und Sigillen als Körper von Elementargeistern hinzuweisen. Wenn wir eine Sigil benutzen, um sie zum Körper eines Elementargeistes zu machen, dann können wir diesen Geist in sie hinein laden. Wenn wir aber eine Sigil verwenden, um eine Suggestion, eine Botschaft oder einen Wunsch an unser Unterbewusstsein zu übermitteln, dann brauchen wir diese Botschaft nicht zu laden. Das Unbewusste hat all die Energie und Willenskraft, die es braucht, um das gewünschte Resultat hervorzubringen.

WIE ÜBERMITTELN WIR DIE SIGIL?

Wir öffnen einfach unseren Geist und erlauben der Form, unser gesamtes Bewusstsein zu erfüllen. Dies ist nicht jene Art von Konzentration, zu der man Anstrengung und Aufwand braucht: Unter gewissen Umständen geht das Bewusstsein ganz von selbst zu der Form hin, nährt sich von ihr, erfühlt sie und füllt sie mit Bewusstsein und Kraft. Wir fühlen uns still und sind zutiefst bewusst. Vielleicht brauchen wir eine gewisse Anstrengung, um die Tore zu öffnen.

Es sollte aber keine Anstrengung nötig sein, um die Sigil zu

übermitteln. Wir müssen leer sein, um zu empfangen. Vor allem sollten wir uns während der Übermittlung nicht mit Gefühlen des Schmerzes oder Zwangs belasten, die in Krisen leicht auftreten können.

Mache die Sigil zum Brennpunkt deines Bewusstseins. Fühle sie, das ist genug. Halte deinen Geist leer und deine Aufmerksamkeit auf die Sigil gerichtet. Kannst du deinem Geist erlauben, in die Linien zu strömen, die Formen auszufüllen und Bewusstsein in die Saat zu bringen? Während dieses Vorgangs können allerhand Effekte auftreten. Es könnte z.B. sein, dass sich die Linien bewegen, dass das Papier aufleuchtet oder sich verdunkelt, dass die Form scharf oder unscharf wird, dass du plötzlich doppelt siehst usw. Kümmere dich nicht darum, halte einfach deine Aufmerksamkeit auf die Sigil gerichtet, ruhig und gelöst, und vermeide jede Anstrengung. Diese Phänomene könnten darauf hinweisen, dass du die tieferen Ebenen erreichst. Dies an sich sollte aber nicht von großer Bedeutung für dich sein.

Es kann natürlich auch passieren, dass stärkere Effekte auftreten. Während die Sigil in die Tiefe eindringt, kann sie alle Arten von sonderbaren Wesenheiten oder Dingen aufrühren. Es kann zu starken Emotionen kommen oder zu Ablenkungen, die deine

Aufmerksamkeit von der Sigil abzubringen versuchen. Es kann zu

Muskelzuckungen kommen, zu unwillkürlichen Bewegungen, oder vielleicht hast du plötzlich das dringende Bedürfnis, dich zu kratzen oder auf die Toilette zu gehen.

Sigillen nehmen sonderbare Wege, und auf ihren Wegen können sie bizarre Ausschussprodukte deines Bewusstseins aus ihrem zwielichtigem Schlaf erwecken. Vielleicht will sich auch dein Ego einmischen. Vielleicht will es dafür sorgen, dass du aufhörst und die Tore verschließt. Egal was passiert, mache dir keine Sorgen. Bleibe ruhig und gleichmütig.

Erlaube dem, was zur Oberfläche steigt, durch dich zu ziehen und zu verschwinden. Halte es nicht fest, kämpfe nicht, widerstehe nicht. Halte einfach nur deine Aufmerksamkeit auf die Sigil gerichtet. Es kann auch passieren, dass du in einen tieferen Trancezustand gerätst. Du könntest deinen Zeitsinn verlieren oder feststellen, dass dein Körper zu zittern oder zu schwanken beginnt. Dies sind angenehme Nebeneffekte, die aber für unsere Arbeit nicht besonders wichtig sind. Halte einfach deine Aufmerksamkeit auf die Sigil gerichtet und vermeide Anspannungen.

Es kann auch vorkommen, dass du dich plötzlich an das ursprüngliche Bedürfnis erinnerst, für das du die Sigil geschaffen hast. Dies ist völlig nutzlos und birgt die Gefahr in sich, dass die Form der Sigil mit all den Befürchtungen, Ängsten und Hoffnungen

verknüpft wird, die du eigentlich vermeiden wolltest.

Kümmere dich nicht um das Bedürfnis, kümmere dich nur um die Form der Sigil und um nichts sonst. Du musst deinem inneren Selbst nicht mitteilen, wozu die Sigil dient, und du musst auch der Sigil nicht erklären, welchen Weg sie durch die Tiefe nehmen soll, denn die Saat weiß, wo sie hingehört.

Die Erfahrungen, die beim Übermitteln entstehen, sollten weder bekämpft noch gesucht werden. Du musst auch nicht beurteilen, ob sie wichtig oder unwichtig sind. Oft genug kommt es während der Übermittlung zu verschiedenen Phasen, Phasen der Erregung und Phasen der Beruhigung. Erregungszustände wie Schwanken, schamanisches Zittern usw. lösen Spannungen und regulieren die Tiefe der Trance, während Ruhe und Gleichmut dafür sorgen, dass die Botschaft tief eindringt und gut verstanden wird. Krämpfe und Anspannungen sind gefährlich, da sie die Übermittlung blockieren und die Sigillenform mit unangenehmen Emotionen assoziieren.

Nach einer Weile wirst du finden, dass es genug ist. Du kannst ja ein anderes Mal weiterarbeiten. Es könnte z.B. nützlich sein, zu Neumond eine Sigil zu erschaffen, und dann bis zum Vollmond, wann immer du Lust hast, ein wenig damit zu arbeiten. Dies soll

nicht heißen, dass die Arbeit mit Sigillen von den lunaren Phasen

abhängig ist, sondern nur, dass diese zur Konfirmation, zur Bestätigung verwendet werden können.

Nach jeder Übermittlung sollte die Sigil vergessen und ignoriert werden. Das klingt sehr einfach, aber so einfach ist es leider nicht. Um gut zu übermitteln, brauchst du einen einfachen Bewusstseinszustand. Vielleicht ist eine Stimmung der freundlichen Indifferenz am besten geeignet. Austin Spare drückte dies mit den Worten »macht nichts, muß nicht sein« aus.

EIN BEISPIEL FÜR EIN SIGILLENRITUAL

1. ERSCHÖPFUNG:

Versuche es doch einmal mit einer langen Fußwanderung zu einem magischen Ort, z.B. auf einen Berggipfel, in einen heiligen Wald, zu einem See oder zu irgendeinem Ort in der Natur, der dir etwas bedeutet.

Sieh zu, dass du unterwegs nicht allzu sehr über alltägliche Themen und Probleme nachdenkst und dass du ausreichend schwitzt. Schwierige Umstände, wie Nacht, Kälte, Hitze, Sturm, Gefahr usw., können dir helfen, dein Ego aus dem Gleichgewicht zu bringen und die Tore zu öffnen. Auch Mantras können hierfür nützlich sein.

2. ÜBERMITTLUNG:

Nachdem du angekommen bist, beginne mit einem einfachen Ritual und einer Reinigung.

Rufe dann deine Götter, Geister, Totems und all die anderen Selbstaspekte an, mit denen du arbeiten willst. Dann gehe in eine Trance, z.B. durch Tanzen, Singen oder Musik. Lege das Sigil auf den Boden. Spiele auf einem einfachen Musikinstrument, während du auf die Sigil starrst. Versuche es mit abwechselnden Phasen von Musik und Stille. Wenn du Talent zu schamanischen Schüttelkrämpfen hast, ist es durchaus passend, wenn du dich dem Schütteln oder Pulsieren hingibst. Notwendig ist dies allerdings nicht.

Gehe einfach mit der Strömung, kämpfe nicht gegen die Aufregung an, aber gib dich ihr auch nicht hin. Erlaube der Sigil während der stillen Phasen tief einzusinken, Dazu ist es nicht notwendig, dass du irgend etwas begehrst oder deine Ideen und Konzepte der Sigil aufbürdest. Empfinde sie einfach so tief du kannst, das ist genug.

3. ABSCHLUSS:

Wenn du deine Sigil übermittelt hast, gib ihr einen Kuß und begrabe sie. Du könntest ein paar Blumen auf die Erde legen und vielleicht etwas Wein darüber schütten. Stehe oder tanze dabei, dann bedanke dich. Beende das Ritual und gehe.

Dies ist natürlich nur ein Beispiel für ein rituelles Grundmuster, das die Übermittlung erleichtert. Die Technik war dabei extrovertiert, d.h. wir haben Musik verwendet, Gesang, Wildniskontakt usw. Genauso gut kann man Sigillen aber auch in einer introvertierten Trance übermitteln, z.B. auf der Astralebene oder in tiefer Selbsthypnose.

Irgendwo dazwischen liegt das Gebiet der so genannten Sexualmagie.

Es ist durchaus möglich, Sigillen zu übermitteln, indem man die Formen der Sexualmagie anwendet. Dabei sollte man jedoch bedenken, dass die Vereinigung Liebe braucht, um das Ego zu transzendieren oder in der Schwebe zu halten. Wenn das Gefühl der Liebe fehlt, wird die Identität nicht transzendiert und die Übermittlung funktioniert nur fehlerhaft. Liebe bedeutet, dass beide Partner einander vertrauen, und dies impliziert auch, dass du deine Sigillen oder Energien nicht einfach anderen Personen aufhalsen kannst, die womöglich gar nicht damit klar kommen.

Crowleys Tagebücher Rex de Arte Regia sind ein gutes Beispiel, wie sexuelle Magie nicht praktiziert werden sollte. Wenn du wie Crowley eine Prostituierte benutzt, die nicht einmal weiß, was geschieht, ist deine so genannte magische Vereinigung nichts als Onanie, und, ehrlich gesagt, nicht einmal das.

Manche Magier behaupten, dass man mit einer Sigil arbeiten sollte,

bis sich das Resultat manifestiert. Ich halte diese Einstellung für problematisch. Die Sigil wird sich manifestieren, wenn die Umstände für ihr Wachstum richtig sind. Wenn sie es nicht sind, wird auch kein Übermaß an Sturheit dafür sorgen, dass sich das gewünschte Ereignis

einstellt. Stattdessen kann es geschehen, dass all der nutzlose Aufwand den Geist aus dem Gleichgewicht bringt.

Die Manifestation von Sigillen läßt sich nicht erzwingen.

Ich möchte hier noch auf eine Form der Sigillenarbeit hinweisen, die mit starken emotionalen Spannungen und Gefühlsausbrüchen arbeitet. Dies ist der Fall, wenn du mit einem Gott, einem Tiergeist oder irgendeiner anderen Wesenheit arbeitest, und zwar in einem Zustand der direkten Besessenheit, wie sie für verschiedene Formen von asiatischem Schamanismus, afrikanischem Voodoo oder nordeuropäischem Seiär (was so viel wie »Sieden« oder

»Sudkunst« bedeutet) typisch ist. Eine solche Trance kann eine ziemlich wilde Angelegenheit sein, was ganz auf die Natur deines Gastes ankommt, mit jeder Menge von Geschrei, körperlichem Schütteln, Konfusion usw.

In solchen Fällen arbeitet der Gast direkt durch deinen Körper, und wenn ihm danach ist, dann kann es durchaus sein, dass er plötzlich nach einer Sigil greift und sie direkt übermittelt. Dies ist nicht dasselbe wie die bewusste Ladung einer Sigil, da die Anwesenheit deines Gastes bereits die Einmischung des Ego unterbunden hat. Es besteht auch kein Grund, den Geist zu entleeren. Die Entleerung dient nur dazu, das Ego in der Schwebe zu halten, was wir in diesem Fall nicht brauchen, und die Übermittlung in die Tiefe zu erleichtern, was ebenfalls unnötig ist, da es die Tiefe selbst ist, die zur Oberfläche aufgestiegen ist.

UNTER DER OBERFLÄCHE

Die Natur der Erde ist für die Entwicklung der Saat von entscheidender Bedeutung. Samenkörner keimen, wenn die Umstände für sie richtig sind. Deine Lebensumstände sind der Boden, auf dem die Sigil wächst und zur Blüte gelangt. Eine Sigil, die in den falschen Grund gepflanzt wird, kann sich nicht entwickeln. Sie weiß, dass die Umstände falsch sind, und bleibt latent im Ruhezustand. Die Sigil weiß, welche Umstände für ihre Manifestation erforderlich sind. Eine Sigil, die nicht im Einklang mit deinem gegenwärtigen Willen steht, wird nicht inkarnieren, sondern warten, ruhen und träumen. Bei der Wirksamkeit von Sigillen kommt es nicht auf den Aufwand des Magiers an, sondern auf die Umstände, die durch den wahren Willen bestimmt werden.

Sigillen werden verwendet, wenn sich das bewußte Wollen in einem Zustand der Frustration befindet und nicht weiterkommt. Wir verwenden Sigillen, um unangenehme Umstände zu vermeiden. Wir verwenden sie, um uns nicht von unserer eigenen Identität zensieren zu lassen. Wir verwenden sie, um unseren Willen zu verwirklichen - auf Wegen, die wir noch nicht einmal kennen.

Wer bei der Übermittlung bereits an Resultate denkt, der
versucht seinen Geist zu binden und eine Lösung entlang
von Kanälen zu

finden, die doch nicht funktionieren. Oft genug ist das bewusste Selbst mit seinem Glauben und seinen Vorurteilen das größte Hindernis für die Manifestation einer Sigil.

In der Übermittlung einer Sigil ist das bewusste Ich von passiver Bedeutung. Das aktive Agens, das einer Sigil zu Kraft und Bedeutung verhilft, ist das unbewusste Selbst. Wir müssen eine Sigil nicht mit unserer Kraft »laden«. Die Kraft, die wir bewußt hervorbringen können, ist nichts im Vergleich zu der Kraft, die das Unbewusste mobilisieren kann. Wir müssen die Sigil auch nicht mit Energie versorgen. Wenn wir sie gut übermitteln, wird sie ihren Weg

in die tiefen Strömungen des wahren Willens und dynamischen Instinktes finden und dort ihre Botschaft übermitteln. Eine solche Sigil ist unwiderstehlich.

Die Erfahrung lehrt, dass sich einige Sigillen ziemlich schnell manifestieren, während andere eine Menge Zeit brauchen oder überhaupt nicht inkarnieren. Ob eine Sigil zu

Realität wird, kommt ganz auf deinen wahren Willen an. Wichtig ist auch die Frage, ob sie unter deinen gegenwärtigen Lebensumständen überhaupt zu Realität werden kann. Eine Sigil, die deinem wahren Willen oder dem irgendeiner anderen Person entgegensteht, wird nicht die nötige Kraft aufbringen und so latent in der Tiefe verbleiben.

Solche Sigillen werden früher oder später als nutzloses Fremdmaterial betrachtet und aus dem System ausgeschieden. Dein Unbewusstes kann nutzlose Sigillen durch

Konfrontation entsorgen, d.h. du bekommst die Gelegenheit, aus deinen Fehlern zu lernen, indem du die mögliche Realisierung der Sigil in einem Alptraum erlebst, in einer Krise, auf der Astralebene, oder vielleicht, wenn du durch die dunkleren Tunnel deines Geistes reist. Die dunklen Götter helfen bei der Reinigung der Seele. Du erhältst Gelegenheit zu begreifen, was du einst so närrisch begehrt hast; Gelegenheit, das Material zu verdauen und einem neuem Nutzen zuzuführen.

Manchmal kann eine Sigil auf völlig unerwartete Weise inkarnieren. Anstatt zu bekommen, was du erhofft hast, wirst du vielleicht feststellen, dass dein Bedürfnis durch irgendeine Erleuchtung oder Veränderung in deiner Persönlichkeit transzendiert worden ist. Oft genug weiß das Unbewusste wesentlich besser als das Bewusste, welche Sigillen dem Großen Werk förderlich sind. Das unbewusste Selbst ist kein dummes Tier, das einfach herumdirigiert werden kann, sondern ein hochintelligentes Wesen.

Dann gibt es noch Sigillen, die nicht sofort inkarnieren können, weil die Umstände nicht stimmen oder die Gelegenheit nicht günstig ist. Solche Sigillen ruhen starr in der Tiefe und warten auf die richtige Zeit ihres Wachstums. Ein Samenkorn weiß, wann der

Winter vorbei ist und Leben wieder möglich ist.

Wenn sich mehrere Sigillen für dasselbe unerfüllbare Bedürfnis ansammeln, dann kann es passieren, dass sie den Geist aus dem Gleichgewicht bringen. In einigen Fällen können sie Manifestation durch Wunschphantasien, Halluzinationen ihre oder

symbolische Handlungen finden, in anderen Fällen können sie aus

der Tiefe eruptieren oder die begehrte Veränderung herbeiführen, indem sie alle Widerstände brechen. Im letzteren Fall erreichen wir das gewünschte Resultat, wenn auch auf dem anstrengenden Weg einer gewaltsamen inneren Veränderung.

Manchmal erhalten ruhende Sigillen die Gelegenheit zu inkarnieren, wenn sich unsere Gewohnheiten und Glaubensformen verändern, sei es durch Krisen, Krankheiten oder Änderungen in unserer Lebensweise. Der Zustand unserer Identität bestimmt die klimatischen Bedingungen, unter denen sich der Same entwickeln kann. Wir sind die Erdoberfläche und als solche wählen wir aus, welche Sigillen die Chance zum Wachstum erhalten.

Bedenke, dass eine Blume ganz bestimmte Bedingungen braucht. Die Erde muss fest genug sein, um die Wurzeln zu halten, weich genug, um es der Pflanze zu ermöglichen, durch sie zu wachsen. Sie muss Nährstoffe und die Wasser des Lebens enthalten. Es sollte Sonnenschein geben, frische Energie, die zirkulieren kann, sowie Kraft und Raum für die Pflanze, damit sie wachsen und gedeihen kann.

Einige Magier sind so gierig nach Resultaten, dass sie die Manifestation einer Sigil zu erzwingen versuchen, indem

intensive Ladungen von Energie oder Kraft in die hineinprojizieren. Wenn dies nicht funktioniert, verstärken sie Sigil sie einfach die Ladung oder versuchen das Tor größer zu machen, was nichts weiter bedeutet als eine tiefere Krise herbeizuführen.

Sie verwenden komplizierte Formeln der Kraft oder suchen nach geheimen Ritualen oder überwältigenden sexuellen Zaubereien. In seltenen Fällen kann das gewünschte Resultat auf diese Art erreicht werden, aber normalerweise ist das nicht der Fall. Ein Magier, der jetzt weiter Resultate zu erzwingen versucht, wird über kurz oder lang von Not und Notwendigkeit gefangen genommen und muss gegen Versagensängste ankämpfen. Wenige Magier sind so vernünftig, zu diesem Zeitpunkt aufzuhören und die Situation sich selbst zu überlassen.

Stattdessen kämpfen sie weiter und laden ihre Sigillen mit immer stärkeren Dosen an Energie, Gefühl und Zwang, bis das Unbewusste den Kanal voll hat und dicht macht.

Es gibt viele Wege, mit Hindernissen umzugehen. Wir müssen nicht mit dem Kopf gegen die Wand rennen, bis entweder das eine oder das andere nachgibt. Sture Verbissenheit ist oft mit einer egoistischen Motivation verbunden, also dem fehlgeleiteten Glauben

»Ich kenne meinen Willen und lasse ihn geschehen.« In einem solchen Rahmen wird Versagen als Bedrohung für das Ich wahrgenommen, dasselbe Ich, das so gerne vorgibt, es hätte göttliche Kraft und Autorität. So kommt es, dass sich manche Magier nicht helfen können. Sie müssen gegen Zwänge ankämpfen, egal wie schmerzhaft dies ist. In solchen Fällen wird eine einfache Sigillenübermittlung plötzlich zu einer »Herausforderung« oder

»Prüfung«, was immer noch attraktiver zu sein scheint als einfach zuzugeben, dass man sich vielleicht doch geirrt haben könnte.

Die Revolution

Wenn Sie aufmerksam gelesen haben, wissen Sie, dass Sie die Bedeutung der Sigillen vergessen sollen. Darum möchte ich hier einen neuen Ansatz wieder geben.

Sie haben hier zehn Sigillen die ich unter verschiedenen Aspekten, wie Liebe, Beruf, Freundschaft, Geld, Kraft entwickelt habe. Sie wissen nicht welche Sigille für was steht-

Suchen Sie sich eine aus, drucken Sie sie eventuell auf farbigem Papier aus und fangen an zu visualisieren und imaginieren.

Sie werden sehen auch diese Methode verspricht Erfolg.